Der Mann als Gottesgestalt

Der Mann als Gottesgestalt:
Untersuchungen zu Männlichkeit im pharaonischen Ägypten

Masterarbeit
Zur Erlangung des akademischen Grades
eines Master of Arts

vorgelegt von Ronald Kern, Bakk. phil.
bei Ao. Univ.-Prof. DDr. Theresia Heimerl

Institut für Religionswissenschaft
an der Katholisch-Theologischen Fakultät
der Karl-Franzens-Universität Graz

Graz 2016

Bibliografische Information der Deutschen Nationalbibliothek
Die Deutsche Nationalbibliothek verzeichnet diese Publikation
in der Deutschen Nationalbibliografie; detaillierte bibliografische
Daten sind im Internet über http://dnb.d-nb.de abrufbar.

© 2017 Ronald Kern
Umschlagdesign, Satz, Herstellung und Verlag:
BoD – Books on Demand

ISBN 978-3-7431-2074-7

1 Inhalt

1	Einleitung (Anlass)	7
2	Sprache und sprachliche Gottesformen des alten Ägypten	8
2.1	Dualität, Individualisation und Göttervereinigung	10
3	Gottesnähe und trinitarische Gottesgestalt	11
4	Der Umzug des Min	12
5	Horus	14
6	Androgynie in Ägypten	15
7	Gender und Repräsentation in Ägypten	16
8	Das Männlichkeitsdilemma im alten Ägypten	17
9	Männliche Historiographie und Gelehrte der Ägyptologie	18
10	Land der tausend Götter	19
11	Dissoziation der ägyptischen Familienwelt	20
12	Ensemble einer Osirismumie mit Amuletten und dem Fragment eines Sarges	21
12.1	Osirismumie mit erigiertem Phallus	21
12.2	Amulette aus der Mumienwicklung dieser Osirismumie	22
12.3	Teil eines Miniatursarges	24
12.4	Kanopenkasten	24
13	Phallische und ithyphallische Darstellungen in Ägypten	25
14	Das ithyphallische Opfer Alexanders des Großen	29
15	Hegemoniale Männlichkeit im alten Ägypten	29
16	Genderforschung über das alte Ägypten	30
16.1	Deir el-Medina	31
16.2	Das andere Geschlecht	32
17	Sexualität im alten Ägypten	33
17.1	Fruchtbarkeit und Zeugungsfähigkeit	34
17.2	Sexualität der Götter und Könige	35
17.3	Homosexualität	36
17.4	Ehe zwischen Familienmitgliedern	37
17.5	Alternative Sexualität	38
18	Gender und Körpertheorie des Mannes in der Kunstgeschichte	39

19	Das Bild des Vaters in Ägypten	41
19.1	Der Vater als Erzeuger: Geschlecht und Abstammung	42
19.2	Der Vater als Ernährer und Erzieher	43
19.3	Der tote Vater	44
19.4	Vater-Sohn-Konstellation auf der Ebene des Götterkults	45
19.5	Kamutef- oder Ödipus-Konstellation	46
20	Gestalt und Bildnis in der ägyptischen Kunst	47
21	Ikonographie der Göttlichkeit	48
22	Gestalten der Götter	50
22.1	Bildlichkeit	50
22.2	Vielfalt der Bilder	52
22.3	Anthropomorphismus, Zoomorphismus, Kompositbilder	54
22.3.1	Anthropomorphismus	55
22.3.2	Zoomorphismus	57
22.3.3	Kompositgestalten	58
23	Wesen der Götter und körperliche Substanz	58
23.1	Landschaftsgebundene göttliche Wesen	59
23.2	Tiergestalt und Männlichkeit der Gottesmacht	59
24	Von Gott geschaffen und von den Männern fortgepflanzt	60
25	Der Pharao als Sohn und Stellvertreter der Gestaltseele des Sonnengottes	62
26	Entgrenzte Leiblichkeit des ägyptischen Mannes	62
27	Männerdämmerung Ägyptens	64
28	Der erforschte Mythos ›Mann‹ in Ägypten	66
29	Homo'usie und altägyptische Gottheiten	67
30	Menschengestaltigkeit Gottes und Bilder in Ägypten	69
31	Die religiöse Gottesgestalt	70
32	Die wichtigsten Götter des Alten Ägypten	71
33	Zusammenfassung	75
34	Abbildungsverzeichnis	77
35	Literaturverzeichnis	77

1 Einleitung (Anlass)

Das Männlichkeitsbild des alten Ägypten ist ein integraler Bestandteil des kulturellen Welterbes. Die pharaonische Zivilisation dient der gesamten Menschheit mit extrem alten Zeugnissen. Um ›den Mann‹, den Mittelpunkt des Lebens in Ägypten, in angemessener Weise darzustellen, sollte man alle Quellen dieser alten Hochkultur heranziehen und die Götterverehrung einerseits, die Alltagsverehrung andererseits ›des Mannes‹ und ›der Frau‹ getrennt voneinander betrachten.

Es ist wichtig, diese frühen Quellen Ägyptens heranzuziehen, um zu klären, wie der Streit der Geschlechter ausgesehen hat. In ägyptologischen Quellen finden sich Abbildungen von Männern, Frauen, Kindern und Tieren. Manchmal verschmelzen sogar die Lebewesen untereinander, und nicht immer ist es den Forschern möglich zu sagen, welches Geschlecht oder welches Tier gezeigt wird. Hier kommt der Begriff der ›Gestalt‹ ins Spiel.

Die Objekte und Kunstwerke sowie die Hieroglyphen des alten Ägypten haben eine Gestalt transzendiert: Das ist eine der Kernaussagen dieser Untersuchung. Der Pharao, ›das große Haus‹, ist normalerweise ein Mensch, genauer gesagt ein Mann gewesen. Umso wichtiger ist die Tatsache, dass nun auch nachgewiesen werden konnte, dass Menschen bzw. Männer in dieser höchsten aller menschlichen Verehrungsmaschinerien Gestalt annehmen konnten. Die Überlieferungen der Gestalten sind verschieden interpretierbar und auch verschieden sexuell erklärbar.

Den Mann und die Frau bzw. den Jungen und das Mädchen bzw. das männliche Tier und das weibliche Tier bzw. den männlichen Gott und den weiblichen Gott voneinander zu unterscheiden ist sinnvoll. Denn nur so ist es möglich, den wahren menschlichen Ursprung der erscheinenden Gestalt herauszufinden. Unter Umständen sind so religionswissenschaftliche Untersuchungen altägyptischer Quellen erkenntnisgewinnender durchzuführen.

Nun ist es spannend zu sehen, wie ein Volk mit enormem religiösem

Potenzial vor Jahrtausenden mit der Geschlechterfrage konfrontiert wurde und das Problem mithilfe der ›Gestalt‹ lösen konnte. Die Hauptthese dieser Untersuchung will den ›Mann‹ und die ›Männlichkeit‹ als in Gottesnähe angesiedelte Phänomene zeigen, um diese Zivilisation erlebbar zu machen.

2 Sprache und sprachliche Gottesformen des alten Ägypten

In den letzten drei Jahrtausenden des altägyptischen Reiches wurden an denselben Kultstätten die großen Götter in gleicher Sprache verehrt. Eine solche Konstanz über so weite Zeiträume hin ist sonst nirgendwo in der Religionsgeschichte nachgewiesen. Die ägyptische Sprache ist phänomenologisch mit Texten und Denkmälern zur Darstellung ihrer Gottheiten verbunden. Anthropologische Vorgegebenheiten des ägyptischen Schriftsystems wurden von Vorlesepriestern zu einem Kultsystem entwickelt, das unvergleichliche Schönheit in sich trägt. Die ägyptische Sprache schwebt über der Götterauffassung und den Gestaltungsprinzipien des ›Grabherrn‹, um ein Leben nach dem Tod zu ermöglichen. Höhergestellte Wesen sind sprachlich polymorph zu denken, was mit der polytheistischen Gottesauffassung zusammenhängt.[1]

Aus den komplizierten Gedankengebilden der Hieroglyphen lässt sich die Darstellung einer gottesfrommen Gesellschaft im alten Ägypten entschlüsseln, die von Männern überliefert wurde. Hermeneutische Methoden arbeiteten ein synchrones und diachrones Textwissen einer früheren Menschheit heraus. Durch diese Versprachlichung ihrer polytheistischen Gotteswelt machte diese machtvolle Kultur auf jede Generation bis in die Gegenwart hinein tiefen Eindruck.[2]

---

1 Vgl. Koch, Klaus 1993: Geschichte der ägyptischen Religion – Von den Pyramiden bis zu den Mysterien der Isis. Stuttgart: Kohlhammer, S. 15–30.
2 Vgl. ebd., S. 19.

Die Sprache des alten Ägypten ist erst Hunderte Jahre nach dem Untergang dieser Zivilisation entschlüsselt worden, was gewaltige Anstrengungen in der Linguistik erforderte. Nähert man sich dieser Kultur allein über die Hieroglyphen, erhält man schnell ein glanzvolles Bild von ihr, erfährt aber nicht den wahren Kern der Kommunikation. Nähert man sich über die Geschichte der religiösen Zeremonien, findet man eine Historie vor, die sich über einen langen Zeitraum kaum verändert hat. Nähert man sich wiederum über die Abbildungen, gelangt man in eine Rätselwelt, die große Hindernisse aufstellt. Man muss sich daher dieser Kultur auf verschiedenen Wegen nähern und alle erforderlichen Maßnahmen der Analyse in Betracht ziehen, um in der Erforschung des Männlichkeitsbilds ein zuverlässiges Ergebnis zu erreichen. Bei den 5000 Jahre alten Hieroglyphen handelt es sich nicht um eine Bilderschrift, sondern um Lautzeichen.[3] Diese Tatsache allein erschwert die Geschlechterforschung, die ja anhand bildlicher Darstellungen untersuchen will, ob ägyptische Männer anders agiert, gelebt und geliebt haben und ob sie anders gestorben sind als spätere Generationen einerseits, die Frauen ihrer Zeit andererseits. Die Frage, die sich nun stellt, ist, warum die Ägyptologie bisher so wenig über das Männlichkeitsbild im alten Ägypten herausgefunden hat. Möglicherweise liegt es an dieser Sprachblockade, dass das Bild männlicher Sexualität in dieser Religion auf ewig ein Geheimnis bleiben wird.

Diese geheimnisvolle Sprachentwicklung Ägyptens könnte man wohl als ein »Moratorium im Prozess der Herstellung von Geschlechterhierarchie«[4] aller Weltreligionen betrachten.

---

3 Vgl. Schlögl, Hermann A. 2006: Das alte Ägypten – Geschichte und Kultur von der Frühzeit bis zu Kleopatra. Stuttgart: C.H. Beck, S. 32–33.
4 Vgl. Meuser, Michael 2010: Junge Männer. In: Becker, Ruth / Kortendiek, Beate: Handbuch Frauen- und Geschlechterforschung. Wiesbaden: Verlag für Sozialwissenschaften / Springer Fachmedien, S. 429.

2.1 Dualität, Individualisation und Göttervereinigung

Die grammatischen Subjekte Mann und Frau werden mit den Begriffen ›Himmel‹ (weiblich) und ›Erde‹ (männlich) zum Ausdruck gebracht. Die alten Ägypter vermochten die Welt sprachlich nur als Dualität Mann / Frau zu begreifen, deshalb ist es fast unmöglich, die tragenden Kräfte der männlichen Wirklichkeit von der weiblichen zu trennen. Eine Grundlage der Weltentstehungsmythen ist, dass sich aus einem Urgott die Vielheit des Kosmos in unzähligen Zweiheiten abgespalten hat. Aus einem präexistenten Einauge haben sich die beiden Sonnenaugen entwickelt, sodass bildlich aus einem Ei Mann und Frau entspringen.[5]

Die Ägypter haben ihre Götternamen verschmolzen und wieder getrennt. In einem Wort war die Rede von zwei oder mehreren Gottheiten und nicht von einem Einzelgott. Es wurde eine sogenannte Zweieinigkeit geschaffen, also zwei Götter mit Bindestrich zusammengeführt. Gewöhnlich wird die Sexus-Inkompatibilität beachtet, werden männliche und weibliche Gottheiten also nicht vereint. Im Ägyptischen können auch drei oder vier Götter miteinander verkettet werden. Besonders wichtige Götter wie Osiris, der Totengott, und Re, der Sonnengott, werden über Jahrhunderte hin (bis zur 21. Dynastie) allerdings nie zu einem einheitlichen Ausdruck verschmolzen. Bei den einzelnen Göttergleichsetzungen findet man die tatsächliche Wesensidentität am Anfang. Im ägyptischen Sprachgebrauch kommt den Göttern nur ein beschränkter Persönlichkeitscharakter zu. Die Wandlungsfähigkeit ihrer Gestalt wird grundsätzlich vorausgesetzt, denn sie sind Wesen eines höheren Seins. Später haben theologische Erklärungen versucht, den einen Gott zur Bewegungsseele (Ba) oder zur Erhalt- und Gestaltseele (Ka) eines anderen zu erklären, oder auch zu seinem Abbild.[6]

Die Ägypter verehrten mythische Substanzen als eine Verlebendigung der Götter. So bezeichnet das Wort ›merut‹ (Liebe) substantielle, unsicht-

---

5 Vgl. Koch, Klaus 1993, a.a.O., S. 34–35.
6 Vgl. ebd., S. 39–42.

bare Strahlkräfte, die als verursacht vom ägyptischen Geist in der Personifizierung des geliebten Königs verstanden werden können.[7]

3 Gottesnähe und trinitarische Gottesgestalt

Die Ägypter haben sich ihren Göttern besonders nahe gewusst. Sie mussten sich aber eingestehen, dass der Sonnengott, der über die Menschen und Götter gemeinsam herrscht, nicht auf Erden bei den Menschen wohnt, sondern im Himmel.
Man konnte diesen Sonnengott nicht so einfach ›treffen‹, also musste man irdische Rollen vergeben. Dementsprechend findet man im alten Ägypten Priester, Propheten, Schamanen, Pilger, Eremiten, Mystiker, Zauberer, Traumdeuter, Zeichendeuter oder Schriftgelehrte, die in Sphären der Gottesnähe arbeiten. Diese Menschen waren, wie ich mithilfe von Quellen nachweisen werde, meist Männer. Und diese Männer hatten Aufgaben bzw. Berufe im Außerweltlichen (Transzendenz) und im Übernatürlichen (Wunder).[8]

»Von all diesen Möglichkeiten sind in Ägypten nur einige realisiert, andere ausgeschlossen. Durch Selektion und Negation erhält dieser Raum, den wir ›Gottesnähe‹ nennen, die kulturspezifische Form und Struktur einer Sinnwelt.«[9]

Der Mann als Gottesgestalt findet sich in der ramessidischen Reichstriade, die diesen Selektionsprozess erklärt:

---

7 Vgl. ebd., S. 43 – 44.
8 Vgl. Assmann, Jan 1984: Ägypten: Theologie und Frömmigkeit einer frühen Hochkultur. Stuttgart: Kohlhammer / Urban Taschenbücher 366, S. 15.
9 Ebd., S. 15.

»Drei sind alle Götter:
Amun, Re und Ptah, denen keiner gleichkommt.
Der seinen Namen verbirgt als Amun,
er ist Re im Angesicht,
sein Leib ist Ptah.« [10]

In diesem Selektionsprozess finden wir den Namen, das Gesicht und den Leib immer wieder in den Zeitzeugnissen dieser Kultur, die göttliche Gestalten verehrte. Ausgerechnet die Frage der trinitarischen Gottesgestalt wird in diesem ägyptischen Spruch beantwortet. Es ist textuell überliefert, wie die Götter aussehen und welche Funktion sie haben, sie nehmen mythische Gestalt an. Diese drei Götter nehmen in diesem Text eine männliche Position ein.

4 Der Umzug des Min

Ramses III. feierte ein nationales Fest am Jahrestag seiner Krönung, zeitgleich mit dem Fest des Min, des Herrn von Koptos und der Wüste. Dieses Fest wurde im ersten Monat der Jahreszeit ›schemu‹ bei Erntebeginn gefeiert.[11] Ramses III. ließ sich in der Sänfte zur Wohnung seines Vaters Min tragen, weil er dessen Schönheit betrachten wollte. Die Söhne des Königs und die höchsten Beamten stritten um die Ehre, das königliche Beförderungsmittel tragen zu dürfen. Die beiden Seiten des Armstuhls wurden von einem schreitenden Löwen und von einer Sphinx geschmückt. Andere Söhne des Königs sowie männliche Würdenträger eröffneten den Zug und trugen die Insignien des Pharaos: das Zepter,

---

10 Ebd., S. 17.
11 Zitiert nach: Montet, Pierre 1982: Ägypten: Leben und Kultur in der Ramses-Zeit. Neu hg. v. Rudolf Scheer. Übers. v. Wilhelm Hein. 2. Aufl. Stuttgart: Reclam, S. 339; nach Reliefs von Medinet Habu und Karnak, Vgl. Henri Gauthier: Les fetes du dieu Min, Kairo 1931.

die Geißel, einen Rohrstab und die Hacke. Unter den Priestern fiel der ›Mann mit der Rolle‹ auf, der alle Einzelheiten anordnete und das Festprogramm in Händen hielt.[12]
Der ithyphallische Gott Min war ursprünglich wohl ein Gott, der Fruchtbarkeit verlieh.[13] Später sah man in ihm aufgrund seiner Zeugungskraft einen Schöpfergott. Er wurde mit anderen Göttern gleichgesetzt (Min-Amun, Min-Re) und gewann immer größere Bedeutung. Die Popularität des Gottes Min dokumentierte sich in eben jenem Min-Fest, das die Ernte einleitete. Auch Frauen wandten sich an Min, um fruchtbar zu werden.[14]
Sogar den weisesten Priestern der Ramessidenzeit waren die Hymnen während dieses Spektakels unbekannt. Gelegentlich wurde Min mit schwarzem Gesicht dargestellt, weil unter seinen Untertanen auch Schwarze waren. Min befruchtete seine Mutter, als »seine Weiche ohne Aufhören in ihrem Schoß war«. Tatsächlich hatte er aber nicht seine Mutter befruchtet, sondern Isis, die dann Horus das Leben schenkte, der zum König von Ober- und Unterägypten gekrönt werden sollte.[15]
Zur Erinnerung an dieses große Ereignis ließ der König vier Mandelkrähen fliegen. Es waren die Kinder des Horus, nämlich Amset, Hapi, Duamutef und Kebehsenuf. Diese Mandelkrähen kamen jedes Jahr im Herbst aus dem Norden und flogen im Frühjahr wieder weg.[16]
Die Künstler, die an den Mauern von Karnak und Medinet Habu die wesentlichen Szenen dieses Festes dargestellt haben, zeigten nur die Königsfamilie während des großen Umzug des Min und seine Verkörperung als weißer Stier, das Volk hatte keinerlei Funktion.[17]
Die Königin Hatschepsut war in die Gesellschaft der Ahnen während

---

12 Vgl. Montet, Pierre 1982, a.a.O., S. 339–340.
13 Siehe Abb. ebd., S. 422 und S. 339.
14 Vgl. ebd., S. 423.
15 Vgl. ebd., S. 342–343.
16 Vgl. ebd., S. 343.
17 Vgl. ebd., S. 344.

dieser Prozession nicht aufgenommen worden, da ihr Neffe Thutmosis III. gute Gründe hatte, sie zu verabscheuen. Auch Echnaton und einige weniger ruhmreiche Herrscher wurden nicht berücksichtigt und nicht wie andere Herrscher auf vergoldeten Holzstatuen getragen.[18]
Das ist wohl eine der ältesten und interessantesten Fragen der Welt, welcher König hat die schönsten, die männlichsten und sexuell attraktivsten Söhne? Diese Episode scheint nur grundlegend anzudeuten wie in der ägyptischen Welt mit Schönheit in der Familie umgegangen wurde. Aber hier wurde bereits der Grundstein für die Homosexualität in der Königsfamilie gelegt. Abbildungen verraten uns nun, wer den schönsten Körper und intensivsten Körperkontakt in der damaligen Männerwelt hatte.

5 Horus

Der Totenpriester Hetepdief war vermutlich für den Totenkult der Horus-Könige Horus Hetepsechemui, Horus Nebre und Horus Ninetjer zuständig (2. Dynastie). Die Statue des Hetepdief ist die älteste Privatplastik Ägyptens. Sie besteht aus rotem Granit und wurde 1888 in Mitrrahine (Memphis) gefunden. Auf dem Rücken sind die drei genannten Pharaonen der zweiten Dynastie eingraviert.[19]
Während der 15-jährigen Regierungszeit von Horus Nebre (2775 – 2760 v. Chr.) berichtete der Priester Manetho von einer Naturkatastrophe. In Bubastis habe sich plötzlich ein Abgrund aufgetan, und viele Menschen hätten ihr Leben verloren. Horus war der Stern des Himmels im alten Ägypten. Wiederum finden wir einen Fruchtbarkeitsgott – in einem männlich konnotierten Wort: ›Apis‹. Das Prozessionsfest ›Auslauf des Apis-Stiers‹ wurde für die Felder und Herden der damaligen Zeit gefeiert.[20]

---

18 Vgl. ebd., S. 342.
19 Siehe Abb: Schlögl, Hermann A. 2006, a.a.O., S. 74.
20 Vgl. ebd., S. 74 – 76.

6 Androgynie in Ägypten

Die Androgynie in Ägypten legt die grundlegende Ideengeschichte des geschlechtlichen Menschenbildes fest. Die Aufhebung fixierter binärer Geschlechtergrenzen vereint Männlichkeit und Weiblichkeit in einer Person. Androgynie ist somit eine gestalterische Metapher für sexuelle Identität.[21]

Die »androgyne Revolution« des alten Ägypten vereint Männlichkeit und Weiblichkeit in einer transzendentalen Kultur. Dieser Gottesprozess der androgynen Revolution Ägyptens wurde ins Alltagsbewusstsein der damaligen Menschen und über historische Funde ins Weltkulturerbe aufgenommen.[22]

Die Forschung hat herausgefunden, dass das Selbstwertgefühl und die psychische Gesundheit bei beiden Geschlechtern auf vorwiegend maskulinen Identitätskonzepten beruhten.[23]

Als Übergangsform zwischen männlicher und weiblicher Gestalt ist die Androgynie ein Medium für Mythen und Utopien, für faszinierende Figuren in Literatur und Kunst sowie für Ästhetik und Ethik. Die Androgynie in Ägypten überbrückt die Kluft zwischen Männlichkeit und Weiblichkeit in einer historischen Grenzziehung, die ihresgleichen sucht. Das Paradoxon ›Androgynie‹ ist allerdings nur ein Übergangsphänomen, denn es kann hegemonial niemals die wirkliche Aufhebung der Grenzen zwischen Männlichkeit und Weiblichkeit in der alten ägyptischen Welt beweisen. Die adäquate Gestalt des Menschen im pharaonischen Ägypten scheint besonders geeignet, eine »kontinuierliche Gestalt« und eine »diskontinuierliche Gestalt« zu bilden. Diese Asymmetrie zwischen

---

21 Vgl. Bock, Ulla 2010, S. 103. In: Becker/Kortendiek, a.a.O.
22 zitiert nach ebd.; vgl. Badinter, Elisabeth 1986: Ich bin Du. Die neue Beziehung zwischen Mann und Frau oder Die androgyne Revolution. München: Piper.
23 Zitiert nach Bock, Ulla 2010, a.a.O., S. 104. Vgl. Sieverding, Monika/Alfermann, Dorothee 1992: Instrumentelles (maskulines) und expressives (feminines) Selbstkonzept: ihre Bedeutung für die Geschlechtsrollenforschung. In: Zeitschrift für Sozialpsychologie, H. 1, S. 6–15.

Kontinuum und Diskontinuum wird in einer diachronen Gestalt des ägyptischen Weges deutlich. Die Gottesgestalt des ägyptischen Pharao bezeugt diese androgyne Gestaltentfremdung der damaligen Zeit. Die ägyptische Kultur beweist, dass Androgynie ein Jahrtausende altes Spiel zwischen Männlichkeit und Weiblichkeit ist.[24]

7 Gender und Repräsentation in Ägypten

Das alte Ägypten war eine sehr stark ›gegenderte‹ Gesellschaft. Das Land hat sich in Wort und Bild sehr ›geschlechtlich‹ präsentiert und unterteilt. Die Sprache der Menschen war geprägt mit maskulinen und femininen Substantiven, Pronomen und sonstigen geschlechtlichen ›Markern‹. Die Texte, die die Ägypter schrieben, sind ein Beleg für die wichtige Rolle der Geschlechtlichkeit und durch eine sprach- und textimmanente gender-spezifische Natur aufgebaut.[25]

Die visuellen Repräsentationen, die die Ägypter sich schufen, wie etwa die physischen Details des biologischen Geschlechts oder auch kulturelle Gender-Marker (Kleidung, Frisur, Accessoires, Attribute der geschlechtlichen Beschäftigung), ebenso Details der Hautfarbe wie etwa dunkel-rötlich bis braun für Männer und gelb oder leicht-braun für Frauen, weisen auf einen gewissen Statuscode der Geschlechtlichkeit Ägyptens hin.[26]

Die archäologischen Funde zeigen komplexe und subtile Unterschiede im Material und in der Materialkultur, wie etwa gegenderte Artefakte, Praktiken und Freiräume. Die physischen Überreste der alten Ägypter selbst zeigen, dass es bei der Gesundheits- wie bei der Grabpflege offensichtlich beträchtliche Geschlechterunterschiede gab. Gender im alten

---

24 Vgl. Bock, Ulla 2010, a.a.O., S. 103–107.
25 Vgl. Wilfong, T.G. 2007. In: Wilkinson, Toby (Hg.): The Egyptian World. London, New York: Routledge, S. 205–206.
26 Vgl. ebd., S. 206.

Ägypten ist oft doppeldeutig und schwer interpretierbar, weshalb man sich oft nur an solchen Funden orientieren kann.[27]
Die visuellen und textuellen Repräsentationen der Hatschepsut geben eine Idee ihrer außergewöhnlichen Natur als Königin mit sowohl weiblichen als auch männlichen körperlichen Attributen. Außergewöhnlich komplex waren auch die männlichen und weiblichen Referenzen in Texten, die zeigten, wie sehr sie versuchte, ihre Regentschaft in einem männlich-geprägten Paradigma zu beweisen. Ähnliche Versuche, dieses Paradigma zu überwinden, zeigte auch Kleopatra VII. 1500 Jahre später, die mit der volatilen politischen Situation ihrer Zeit zu kämpfen hatte.[28]

8 Das Männlichkeitsdilemma im alten Ägypten

Das alte Ägypten war im Kern männlich dominiert, denn Frauen wurden von der Administration und der Regentschaft ausgeschlossen. Nur in Ausnahmefällen waren sie Teil des Machtzirkels, nämlich nur dann, wenn sie als Mutter, Frau, Tochter oder Schwester in einer Beziehung zum männlichen Pharao standen. Die wenigen Frauen, die Regentinnen wurden, sind dies nur wegen der Erlaubnis der männlichen Mitglieder des königlichen Gerichtszirkels geworden.[29]
Das Fragment einer Begräbnismaske aus der Zeit zwischen dem ersten Jahrhundert vor und dem ersten Jahrhundert nach Christus ist geschlechtlich undefinierbar. Es zeigt, wie schwer es die Ägypter sich vorstellen konnten, zwischen Männlichkeit und Weiblichkeit in die Ewigkeit hinein zu differenzieren. Es zeigt auch, wie modern das alte Ägypten in Bezug auf Genderparadigmen war, denn auch heute will man versuchen,

---

27 Vgl. ebd.
28 Vgl. ebd., S. 206–208.
29 Vgl. ebd., S. 206.

die Geschlechterdifferenz zu neutralisieren um Gleichheit zu schaffen. Diese Maske ist im Kelsey Museum für Archäologie an der Universität Michigan ausgestellt.[30]

9 Männliche Historiographie und Gelehrte der Ägyptologie

Die Entdeckung eines Sprachensteins in Rosette, einer ägyptischen Hafenstadt am westlichen Mündungsarm des Nil, beendete das Rätselraten um die Hieroglyphen. Der Stein von Rosette wurde im Jahre 1799 gefunden. Der obere Teil gibt den Text in Hieroglyphen wieder, in der Mitte folgt die demotische und unten die griechische Version. Der Basaltstein befindet sich heute im Britischen Museum, London. Hieroglyphisch bedeutet heilig, und demotisch bedeutet volkstümlich. Im Jahr 1801 wurde der Feldzug Napoleons in Ägypten durch die Engländer beendet, wobei man durch einen Kapitulationsvertrag bestimmte, dass der Stein nach England ausgeliefert werden sollte. Als Inschrift findet sich eine Widmung der memphitischen Priesterschaft an König Ptolemäus V. Epiphanes anlässlich der Wiederkehr seines neunten Thronjubiläums im Jahre 196 v. Chr.[31]

Mit den wissenschaftlichen Leistungen vieler berühmter Ägyptologen, wie etwa Jean-Francois Champollion oder Johann Peter Adolf Erman,[32] war die reiche schriftliche Hinterlassenschaft der Pharaonenzeit dechiffriert worden, und eine antike Hochkultur konnte aus dem Schatten in das Licht der Geschichte treten. Der Satz des florentinischen Staats-

---

30 Abb. in: ebd., S. 207.
31 Vgl. Schlögl, Hermann A. 2006, a.a.O., S. 30 – 31.
32 1822 begründete Champollion die Geburtsstunde der Ägyptologie, als er die Hieroglyphenschrift entzifferte. Champollion lebte von 1790 bis 1832. Der Begründer der modernen Philologie des alten Ägypten, der Berliner Gelehrte Johann Peter Adolf Erman, lebte von 1854 bis 1937. Vgl. Schlögl, Hermann A. 2006, a.a.O., S. 32 und S. 36.

sekretärs Niccolò Machiavelli aus dem Jahr 1522 konnte deshalb angepasst werden:[33]

»So hat das Königreich Ägypten trotz der außerordentlichen Annehmlichkeit seiner Landschaft durch den Zwang seiner Gesetze die vorzüglichsten Männer hervorgebracht; wären ihre Namen in den uralten Zeiten nicht verschollen, so würde man sehen, dass sie mehr Ruhm verdienten als Alexander der Große und viele andere, deren Andenken noch in frischer Erinnerung ist.«[34]

Wegen der späten Entdeckung des Steins von Rosette war die Entschlüsselung der Hieroglyphen lange Zeit ein Desiderat. So musste man im Mittelalter an Ägypten vorbei dirigieren. Machiavelli schrieb seinen Gedanken schließlich 300 Jahre vor der Entschlüsselung durch Champollion auf. Jetzt muss man annehmen, dass alles auf dem Stein von Rosette basiert, was für die moderne Ägyptologie Fehlinterpretationen und lückenhafte Aufarbeitung bedeutet. Zusätzlich ist anzunehmen, dass die Ägypter in ihrer langen Geschichte auch sprachlichen Veränderungen unterworfen waren. Die moderne Ägyptologie bedauert auch, dass man nicht mehr erfahren kann, wie die Ägypter damals gesprochen haben.

10 Land der tausend Götter

Die Religion Ägyptens war keine Offenbarungs- oder Buchreligion, in der sich Gott persönlich zu erkennen gab, sondern sie war bestimmt durch Kult und Mythen, in die das Königtum fest eingebunden war. Neben dem Polytheismus, der später zu einem, wie Jan Assmann es formulierte,

---

33 Vgl. ebd., S. 36.
34 Ebd.

Kosmotheismus (Vergottung der Welt) führte, bestand schon früh auch die Vorstellung von einem großen, einen Gott, der meist als der Sonnengott Re identifiziert wurde. Diese Einzigartigkeit konnte unter anderem auch auf den Gott Amun (der Verborgene) übertragen werden. In seinem Namen wurden Kriege geführt, und die Griechen setzten ihn mit Zeus gleich. In der Kunst erscheint Amun immer ganz in Menschengestalt mit einer hohen Federkrone als Kopfschmuck. Da die Ägypter sich immer neuen religiösen Strömungen öffnen wollten, ordneten sie die Vielzahl der göttlichen Wesen systematisch und stellten Götterpaare und Götterfamilien zusammen. Überdies formulierten sie auch Weltschöpfungslehren.[35]

11 Dissoziation der ägyptischen Familienwelt

Die familiären Interaktionen Ägyptens zeichnen sich durch eine seltsam anmutende Konfliktlosigkeit aus, die als ›Pseudogegenseitigkeit‹ beschrieben werden kann. Diese Pseudogegenseitigkeit der beiden Geschlechter ›Mann‹ und ›Frau‹ kann zu einem Abbruch des Konsenses mit einem Beobachter und bei diesem zu einem Gefühl der Befremdung führen. Er bekommt etwas Neues und möglicherweise Anstoßerregendes zu sehen, was eine Bedeutungserweiterung der geschlechtlichen Ebene verursacht. Die völlige Unvorhersehbarkeit der geschlechtlichen Prozesse kann zu einer stark subjektiv gefärbten Bedeutungsentschlüsselung der heiligen Schriftzeichen (Hieroglyphen) führen.[36]

In Ägyptens Familienwelt zeigen erst die späten Funde und das spät entschlüsselte Schrifttum ein langsames Oszillieren zwischen zwei Geschlechtern. Somit ist die Ägyptologie des Mannes ein nacheinander be-

---

35 Vgl. ebd., S. 36–37.
36 Vgl. Retzer, Arnold/Simon, Fritz B. 2001, S. 68. In: Schwarz, Frank/Maier, Christian: Psychotherapie der Psychosen. Stuttgart: Thieme.

obachtbarer Unterscheidungswechsel zwischen Gott und Mensch. Nur in der diachron erlebbaren und diachron erforschbaren Gestalt zeigt sich eine absolute Gegenwart des Mannes in geheimnisvollen Wesen, die nie untergehen werden.[37]

12 Ensemble einer Osirismumie mit Amuletten und dem Fragment eines Sarges

12.1 Osirismumie mit erigiertem Phallus

(Daten: Kat. Nr. VII.18
Ton, gebrannt, Stein, Gold. H. 38 cm, B. 10,1 cm, T. 8 cm
Zeit des Königs Ptolemaios VI. (180 – 145 v. Chr.)
Kunsthistorisches Museum Wien
Ägyptisch-Orientalische Sammlung
INV.Nr. AE_INV_10077)[38]

Die Mumienform des Osiris, ursprünglich eingewickelt in harzgetränktes Leinen, zeigt ihn liegend und mit erigiertem Phallus. Diese Darstellungsform steht mit seiner Funktion als Fruchtbarkeits- und Auferstehungsgott in Zusammenhang. Wie auch der ithyphallisch wiedergegebene Gott Amun-Min gehört diese zu einer Gruppe von Osirisdarstellungen, die nur aus der Ptolemäerzeit bekannt sind. Allerdings findet man auch auf einigen Reliefs älterer Tempel, etwa im Tempel Sethos II. in Abydos, Darstellungen des auf einer Bahre liegenden Osiris mit erigiertem Glied. Hier ist er wahrscheinlich wirklich wieder in die Lage versetzt, mit dem über ihm flatternden Sperberweibchen als Abbild der Isis seine wiedergewonnene Zeugungskraft durch die postume Zeugung seines Erben

---

[37] Vgl. ebd., S. 71 – 72.
[38] Abb. in: Seipel, Wilfried 2015: Ägypten – Die letzten Pharaonen: Von Alexander dem Großen bis Kleopatra. Leoben: Kunsthalle Leoben, S. 308.

Horus unter Beweis zu stellen. Beide Darstellungsformen sind Anspielungen auf die im Mythos geschilderte Zerstückelung des Osiris durch seinen Bruder Seth und die folgende erneute Zusammensetzung seiner Gliedmaßen durch seine Gattin Isis.[39]

Osiris trägt die dreiteilige Strähnenperücke und den geschwungenen Götterbart. Augen und Schminkstriche sind mit einem dünnen Goldstreifen eingelegt. Auf der Taille sind noch drei Djedpfeiler als Symbole der Unendlichkeit befestigt. Diese Osirismumie war ursprünglich in einem kleinen Holzsarg bestattet, von dem allerdings noch ein Fragmentteil erhalten geblieben ist. Auch wurden Amulette in der Mumienwicklung gefunden.[40]

12.2 Amulette aus der Mumienwicklung dieser Osirismumie

(Daten:

VII.19 Skarabäus
Smaragdwurzel. L. 1,2 cm B. 0,9 cm,
T. 0,48 cm, Inv.Nr. AE_INV_10078

VII.20 Hockende Gottheit mit Falkenkopf (?)
Lapislazuli. H. 2,3 cm, B. 1,3 cm, T. 0,4 cm
Inv.Nr. AE_INV_10079

VII.21 Hockende Gottheit mit Ibiskopf (?)
Lapislazuli. H. 2,4 cm, B. 1,2 cm, T. 0,4 cm
Inv.Nr. AE_INV_10080

VII.22 Horussohn mit Falkenkopf
Glas. H. 2,68 cm, B. 0,79 cm, T. 0,3 cm
Inv.Nr. AE_INV_10081

VII.23 Horussohn mit Affenkopf
Glas. H. 2,64 cm, B. 0,84 cm, T. 0,3 cm
Inv.Nr. AE_INV_10082

VII.24 Horussohn mit Menschenkopf
Glas. H. 2,68 cm, B. 0,77 cm, T. 0,3 cm
Inv.Nr. AE_INV_10083

VII.25 Horuskopf mit Schakalskopf
Glas. H. 1,76 cm, B. 0,88 cm, T. 0,33 cm
Inv.Nr. AE_INV_10084

VII.26 Djedpfeiler
Lapislazuli. H. 2,38 cm, B. 0,87 cm, T. 0,3 cm
Inv.Nr. AE_INV_10085

---

39 Vgl. ebd., S. 308–309.
40 Vgl. ebd., S. 309.

VII.27 Djedpfeiler
Lapislazuli. H. 2,3 cm, B. 0,8 cm,
T. 0,43 cm
Inv.Nr. AE_INV_10086

VII. 29 Isisblut
Roter Jaspis. H. 2,2 cm, B. 0,78 cm,
T. 0,4 cm
Inv.Nr. AE_INV_10088

VII.28 Djedpfeiler
Lapislazuli H. 2,14 cm, B. 0,83 cm,
T. 0,33 cm
Inv.Nr. AE_INV_10087

VII. 30 Isisblut
Roter Jaspis. H. 2,1 cm, B. 0,76 cm,
T. 0,43 cm
Inv.Nr. AE_INV_10089)[41]

Um die Unversehrtheit der Mumie aufrechtzuerhalten, legte man seit langer Zeit Schutzsymbole und Amulette zwischen die Mumienbinden, mit denen die präparierten Mumien umwickelt wurden. Dazu gehörten allerdings auch die Djedpfeiler, die auch aufgrund ihrer Bezeichnung als ›Rückgrat des Osiris‹ Symbole des Gedeihens und der Mächtigkeit des Getreides oder Korns waren. Diese Pfeiler stellen die stilisierte Form gebündelter Getreideähren dar. Nicht minder bedeutend war das ›Isisblut‹, das in angenäherter Form vor allem an das Lebenszeichen Anch erinnert und als ›Isisknoten‹ wahrscheinlich eng mit der Gewandung der Isis verbunden war. Der Tote, der ein Isisblut-Amulett trug, sollte »ein Verklärter sein, den Isis schützt«. Die mit unterschiedlichen Köpfen ausgestatteten Horussöhne waren Schutzgottheiten der Eingeweide, des Magens, der Lunge sowie des Herzens dieser Mumie. Mit Ausnahme des Herzens, das für immer in der Mumie verblieb, wurden die Eingeweide separat mumifiziert und in vier Eingeweidekrügen, den sogenannten Kanopen, beigesetzt, deren Deckel bislang nach den Köpfen der Horussöhne gestaltet waren: als Menschen-, Affen-, Schakals-, und Falkenkopf.[42]

---

41 Vgl. und Abb. ebd., S. 309-9 – 310.
42 Vgl. ebd.

Ensemble einer Osirismumie mit Amuletten und dem Fragment eines Sarges

12.3 Teil eines Miniatursarges

(Daten: Kat.-Nr. VII.31 Teil eines Miniatursarges aus Zedernholz. H. 8,5 cm, B. 14,3cm, T. 1 cm; Kunsthistorisches Museum Wien, Ägyptisch-Orientalische Sammlung Inv.Nr. AE_INV_10090)[43]

Von dem Miniatursarg, in dem ursprünglich die Osirismumie samt den aufgezeigten Amuletten lag, ist nur mehr diese eine Seite erhalten, während alle anderen drei Seiten verschwunden sind. Dieser Fund zeigt eine verblüffende dreizeilige Inschrift mit den Kartuschen-Namen eines ptolemäischen Königs, mit der man die Osirismumie genau datieren kann. Es handelt sich um König Ptolemaios VI., der in der ersten der drei von oben nach unten und von links nach rechts zu lesenden Schriftzeilen »Sohn des Re (Ptolemaios, er lebe ewig, geliebt von Ptah)« genannt wird. Am Ende der dritten Zeile steht sein in Hieroglyphen übertragener Beiname »Philometor«, wodurch Experten dieses Kästchen sicher Ptolemaios VI. zuordnen können. Die Wissenschaftler fragen sich, wie die Besitzverhältnisse dieses alten Miniatursarges samt Inhalt wohl aussehen. Die Beschriftung, so wird erschlossen, zeigt, dass der Osirisglaube auch im königlich-griechischen Bereich einen hohen Stellenwert hat.[44]

12.4 Kanopenkasten

(Daten: Kanopenkasten aus Holz, bemalt H. 50,2 cm, B. 21,8 cm Ptolemäerzeit [305 – 31 v.Chr.] Kunsthistorisches Museum, Wien Ägyptisch-Orientalische Sammlung Inv.Nr. AE_INV_806)[45]

Dieser Schrein dient zur Aufbewahrung eines Eingeweidekruges mit mumifizierten Leichenteilen. Er zeigt an der Vorderseite über dem reich

---

[43] Vgl. und Abb. ebd., S. 310 – 311.
[44] Vgl. ebd., S. 311.
[45] Vgl. und Abb. ebd.

ornamentierten Bild einer Scheintüre zwei einander zugewandte Falkengottheiten mit der Sonnenscheibe. Beide Falkengottheiten riechen an zwei aus schmalen Vasen herauswachsenden Lotusblüten, die ein Symbol der Unvergänglichkeit und der Auferstehung sind. Das obere Bildfeld ist wie eine kleine Kapelle gestaltet, deren obere Begrenzung von einem Heker-Fries gebildet wird. Das ist die stilisierte Wiedergabe von zusammengebundenen Pflanzenspitzen. Der kleine Falke auf dem Dach des Kapellenschreins ist eine spätere Ergänzung.[46]

13 Phallische und ithyphallische Darstellungen in Ägypten

Schon in der Frühzeit der Geschichte Ägyptens (2850 v.Chr. – 2660 v.Chr.) kann man phallische und ithyphallische Darstellungen nachweisen, wie etwa phallisch geformte Steine als Grabbeigaben oder ithyphallische Gottheiten wie Min und Osiris. In der ägyptischen Frühzeit fanden große religiöse Umwälzungen statt, hier wurden verschiedene Naturgottheiten in nichtanthropomorpher Form verehrt. Zu Beginn der Frühzeit wurden diese von neuen Gottesvorstellungen abgelöst, die in anthropomorpher Gestalt dargestellt wurden, wie zum Beispiel Min oder Osiris. Min und Osiris wurden bereits vor der allgemeinen Anthropomorphisierung als mumienförmige Idole verehrt, und man nimmt an, dass Min schon in den Uranfängen der ägyptischen Kultur um ca. 3500 v.Chr. nachweisbar ist.[47]

Die ersten Zeugnisse von der Verehrung des ithyphallischen Gottes Min können in Form von drei altertümlichen, überlebensgroßen Min-Statuen nachgewiesen werden. Diese Statuen haben eine unbekannte Ent-

---

46 Vgl. ebd.
47 Vgl. Gassner, Jutta 1993: Phallos – Fruchtbarkeitssymbol oder Abwehrzauber? Ein ethnologischer Beitrag zu humanethologischen Überlegungen der apotropäischen Bedeutung phallischer und ithyphallischer Darstellungen. Wien, Köln, Weimar: Böhlau, S. 68 und 219.

stehungszeit, es wird aber angenommen, dass sie aus der Zeit vor der ersten Dynastie stammen. Um ca. 2850 v. Chr., zur Zeit der ersten Dynastie, wurde Min in einem Tempel von Koptos als Schutzherr aller Wüstenreisenden und der Arbeiter in den Steinbrüchen verehrt. Koptos (ägyptisch Gbtjw) ist eine Stadt am Nil nördlich von Theben.[48]
Aus der zweiten Dynastie, in der Zeit des Pharaos Cha'sechumui (2660 v. Chr.), ist eine Tuschezeichnung auf einem Bruchstück einer Schale, die Min darstellt, bekannt. Min wurde als Fruchtbarkeits- und Zeugungsgott verehrt, und seine Hauptkultstätten lagen in Koptos und Achmin. Er wurde von seinem ersten Auftreten zu Beginn der ägyptischen Frühzeit bis in die letzte Periode der ägyptischen Kultur stets in derselben Form dargestellt.[49]

»Der Körper des Min ist mumienförmig und ithyphallisch abgebildet. Min steht meistens auf einem Sockel mit einer schrägen Vorderseite. Vor ihm befindet sich ein Opfergefäß, das mit Blumen verziert ist. Hinter seinem Rücken sieht man hoch aufwachsende Pflanzen oder einen kultischen Gegenstand mit stilisierten Pflanzen oder ein merkwürdiges Heiligtum in Miniatur, das mit stilisierten Blumen oder Pflanzen versehen ist.«[50]

Der Phallus des Min wurde »als heiliges Glied« angesehen, weil es der Urheber der Zeugung ist. Mit seiner Verehrung wurde der Dank für die Nachkommenschaft ausgedrückt.[51] In Luxor gibt es eine Darstellung, bei der Lattich, also Pflanzen, den Min umgeben. Der Lattich galt als Mittel, um die Zeugungskraft zu stärken. Man weihte dem Min kultische Feste, bei denen man seine ithyphallische Statue in einer Prozession herum-

---

48 Vgl. ebd., S. 68 und 219.
49 Vgl. ebd., S. 68.
50 Ebd.
51 Zit. nach: ebd., S. 219, nach Diodorus Siculus (I,88): Bleeker, Jouco 1956: Die Geburt eines Gottes, S. 48.

trug. Min war ein Fruchtbarkeitsgott.[52] »Seine Gestalt dürfte auf hermenartige Gestalten zurückgehen, die man aus magischen Gründen in den Feldern aufstellte. Daher bildete man ihn auch späterhin noch vor einem Feld stehend ab.«[53]

In rezenter Zeit wurde in Koptos das Bild eines nackten, ithyphallischen Mannes zur Bewachung eines Tomatengartens aufgestellt. »Denn da man den Anblick einer solchen Figur scheut, dient diese Figur der Abwehr des bösen Blickes.«[54]

> Siehe Abb 8: »Skizze 54«: Ausschnitt einer Darstellung mit dem ithyphallischen Gott Min[55]

Osiris, der gemeinsam mit Isis zu den bedeutendsten Göttern der ägyptischen Religion zählt, wurde ebenfalls oft ithyphallisch dargestellt. Er war ursprünglich der Schutzgott der Stadt Busiris im Nildelta. Der alte Vegetationsgott Osiris, der beginnend mit der sechsten Dynastie (2329 v.Chr. – 2160 v.Chr.) sehr bedeutsam war, sollte durch seinen Tod und seine Wiederauferstehung die Fruchtbarkeit Ägyptens sichern. Über die Entstehung des phallischen Osiriskultes gibt es eine Legende: Osiris wurde von seinem Bruder Seth getötet, in 14 Teile zerschnitten und in den Nil geworfen. Die trauernde Isis findet 13 Teile wieder, nur der Phallus bleibt unauffindbar. Isis ersetzt das fehlende Genital aus Holz. Durch diese Tat heiligt sie den Phallus des Osiris, der in der Folge in phallischen Umzügen verehrt wurde. Dieser Brauch könnte etwa aus alten Fruchtbarkeitsfesten entstanden sein.[56]

---

52 Vgl. Gassner, Jutta 1993, a.a.O., S. 68–69.
53 Zitiert nach: ebd., S. 69, nach Haussig, H.W. 1956: Wörterbuch der Mythologie, S. I. 331.
54 Zitiert nach: Gassner, Jutta 1993, a.a.O., S. 69., nach Bleeker, Jouco 1956: Die Geburt eines Gottes / Leiden, S. 49.
55 Abb: Gassner, Jutta 1993, a.a.O., S. 69. – siehe Abb.: Neumann, Eckhard 1980: Herrschafts- und Sexualsymbolik; Grundlagen einer alternativen Symbolforschung. Stuttgart: Kohlhammer.
56 Vgl. Gassner, Jutta 1993, a.a.O., S. 69.

In der antiken Literatur wurde Osiris mit Dionysos oder Bacchus gleichgesetzt. Das geht auf Autoren wie etwa Plutarch oder Herodot zurück, denen allerdings Fehlinterpretationen und falsche Parallelisierungen unterliefen. Außer Min und Osiris wurden auch andere Götter ithyphallisch abgebildet oder mit den beiden verschmolzen. Re-Amon etwa oder Horos, der Sohn von Isis und Osiris etwa, der als Fruchtbarkeits- und Schutzgott verehrt wurde. Horos, auch das ›Horoskind‹ genannt, wurde mit übergroßem Phallus dargestellt. Es sind aus der Zeit um 600 v.Chr. zahlreiche Kalkstein- und Tonfigürchen des Horoskindes bekannt, und man schreibt ihnen apotropäische Bedeutung bei.[57]

Man kennt in der ägyptischen Religion weitere Objekte und Gebräuche, die auf die kultische Bedeutung des Phallus hinweisen. In einem Schrein der Hat-hor, der ägyptischen Himmelsgöttin, wurde eine größere Anzahl hölzerner Phalli gefunden. Sie waren in Deir el-Bahri gefunden worden und dienten als Opfergaben in der Zeit der 18. Dynastie. Bei der Mumifizierung des Leichnams wurden Maßnahmen ergriffen, das Zeugungsorgan und damit die Geschlechtskraft des Toten zu erhalten. Es wurden phallische Nachbildungen wie Amulette und Grabbeigaben verwendet, um böse Geister abzuwehren.[58]

> siehe Abbildung 9:
> »Abb. 3«: Amulett mit phallischem Abwehrsymbol, Kairo, Ägypten (Sammlung Winkler)
> »Abb. 4«: Amulett mit symbolisierter Phallusdarstellung, Kairo, Ägypten (Sammlung Winkler)[59]

---

57 Zitiert nach: ebd., S. 70, nach Herter, Hans 1938: Phallos. In: Pauly's Real-Encyclopädie der klassischen Altertumswissenschaften: Band XIX, S. 1717.
58 Zitiert nach: Gassner, Jutta 1993, a.a.O., S. 70., nach Bonnet, Hans 1952: Reallexikon der ägyptischen Religion Berlin: de Gruyter, S. 590 – 591.
59 Abb.: Gassner, Jutta 1993, a.a.O., ab S. 232. – Fotos im Buch.

14 Das ithyphallische Opfer Alexanders des Großen

Als Philipp II. 336 v.Chr. in Makedonien ermordet wurde, nahm sein 20-jähriger Sohn Alexander den Kampf seines Vaters gegen das zerfallende persische Weltreich auf.

Die Ägypter betrachteten Alexander als göttliches Wesen und als Erlöser. Er wurde von den Priestern als Sohn Gottes und Inkarnation des Pharaos begrüßt. Im Tempel von Luxor entstand auf der Fassade das schönste ägyptische Porträt des Alexander, wie er dem Amun-Min opfert. Diese Restauration des Allerheiligsten findet ithyphallisch statt. Alexander der Große bringt der ithyphallischen Gottheit Amun-Min ein Trankopfer dar. Das zeigt ein Relief auf der Außenwand des Allerheiligsten im Amun-Tempel von Luxor. Durch Alexander wurde Ägypten endgültig in die vielgestaltige mediterrane Religions- und Kulturlandschaft integriert und konnte sich nicht länger hinter den schützenden Klippen des Niltals verstecken.[60]

siehe Abbildung 10: Alexander der Große mit Trankopfer[61]

15 Hegemoniale Männlichkeit im alten Ägypten

Als Mann war man in Ägypten Träger sozialer Veränderungen und gesellschaftlicher Innovation. Der Zugang der Männer zum Kulturgut musste wohl gerechtfertigt und verteidigt werden. Religiöse Codierungen zeigten Männer in der Machtsphäre, Frauen waren dort nur selten zu finden.

---

60 Vgl. Clayton, Peter A. 1994: Die Pharaonen – Herrscher und Dynastien im Alten Ägypten. Eltville: Bechtermünz, S. 206 – 207.
61 Abb. ebd.

Der homosoziale Gruppenkontext zeigt aber auch ganz deutlich, dass Männer zwar oft unter sich waren, aber auch Frauen um sich scharten, um religiös etwas zu erreichen.[62]

16 Genderforschung über das alte Ägypten

Man könnte argumentieren, dass die Ägyptologie in der Vergangenheit eine Ägyptologie des Mannes war. Die Kategorie ›Mann‹ an sich muss aber erst entwickelt und problematisiert werden, um das alte Ägypten unter dem Gender-Aspekt untersuchen zu können. Die Maskulinitätsstudien der Genderforschung sind problematisch, denn Feministinnen befürchten, dass ihre Gleichstellungsarbeit durch die neue Maskulinität in der Wissenschaft Schaden nehmen könnte. Allerdings hat man herausgefunden, dass das Männlichkeitsparadigma der Genderperspektive großes Potential hätte. Angesichts der Dominanz der Männer im ägyptischen Leben können auch die Männlichkeitsstudien punkten.[63]

Es gab viele Privilegien für Männer in der alten ägyptischen Gesellschaft. Die Kategorie ›Mann‹ war im pharaonischen Ägypten normativ. Männer dominierten die ägyptische Kultur, und ihr Wesen wurde als Norm angesehen. Allerdings waren männliche Positionen in der Gesellschaft Ägyptens oft instabil und unruhig. Die wirtschaftliche Stellung, die soziale Position, die Ethnizität und andere Faktoren konnten das Leben der Männer beeinflussen. Männer waren von geschlechtlichen Einschränkungen und Erwartungen genauso betroffen wie Frauen. Auch im pharaonischen Ägypten gab es Vorstellungen von typischer Maskulinität. Die Erwartungen an Könige, etwa zu regieren, einen männlichen Nachkommen zu zeugen oder die Rollen von sowohl Osiris wie auch Horus

---

62 Vgl. Meuser, Michael 2010, a.a.O., S. 429.
63 Vgl. Wilfong, T.G. 2007, a.a.O., S. 210.

zu spielen, konnten dabei andere sein als die an seine Beamten, seine Schriftgelehrten oder seine Farmer, aber es gab gewisse gemeinsame Elemente für alle. Männer aller wirtschaftlichen Stufen waren angehalten zu heiraten, Kinder zu zeugen und eine Familie zu gründen und zu versorgen. Man erwartete von Männern, sich in spezifischen Rollen und Positionen der Gesellschaft zu bewegen, um besondere Aufgaben zu erfüllen, genau wie alle Väter vor ihnen.[64]

16.1 Deir el-Medina

Das Beispiel des Ortes Deir el-Medina ist besonders augenscheinlich. Er wurde von Männern betrieben und bewacht, und Männern wurde hier die Arbeit an den königlichen Grabstätten erleichtert. Männer führten den Haushalt, unterstützten die Familien und besaßen mehr Ressourcen als Frauen. Männer bauten hier Familiengrabstätten für sich selbst, in denen sie ihr ›Haus der Ewigkeit‹ dominierten. Der größte Teil der gewaltigen Menge an Textmaterial aus Deir el-Medina wurde von Männern für Männer geschrieben und zeigt, dass diese Gemeinschaft beispielhaft ist für das gesamte männlich dominierte Welterbe Ägyptens. Allerdings zeigt so mancher Textfund aus Deir el-Medina auch Schwachstellen des Männlichkeitsbildes. Dokumente über Kriminalfälle enthalten Anschuldigungen gegen Männer, die spezifisch männlich konnotiert sind, so wie die Vorwürfe gegen den Vorarbeiter Paneb im Papyrus Salt 124, die Angriff, Raub und Vergewaltigung beinhalten.[65]
Auch der sogenannte Turiner Erotik-Papyrus enthält Szenen, in denen Männer mit Frauen Sexualverkehr haben. Diese Szenen glorifizieren den sexuellen Stolz der Männer nicht nur, sie kritisieren und karikieren ihn auch. Das umfassende Traumbuch aus Deir el-Medina im Papyrus Chester Beatty III ist ein außergewöhnlicher Katalog von spezifisch männ-

---

64 Vgl. ebd.
65 Vgl. ebd., S. 211.

lichen Träumen, die den Reichtum der männlichen Erregung und Potenz zeigen.[66]

siehe Abbildung 11: Das Dorf Deir el-Medina (Foto K. Cooney)[67]

16.2 Das andere Geschlecht

Oberflächlich könnte man meinen, im alten Ägypten habe es eine Dichotomie der Geschlechter gegeben, doch die Wahrheit ist komplexer und die Bewegungsschwankung ist breiter. So gibt es im Neuen Reich eine Geschichte von zwei Brüdern: »Bata schneidet seinen eigenen Penis ab und sagt später zu seiner Frau, ›schau, ich bin jetzt eine Frau so wie du.‹« Dieser Satz ist sehr außergewöhnlich für das Geschlechterverständnis Ägyptens. Man hat auch durch Kleidung versucht, Frauen zu Männern zu machen, etwa in der Geschichte von Hilaria. Durch zunehmenden Druck wurden dann auch körperliche Änderungen vorgenommen, etwa Brustverkleinerungen. So konnte Hilaria zeigen, dass sie zu den männlichen Mönchen gehört. Manchmal zeigte man kongruente Bildmarker der Göttin Mut mit einem erigierten Penis.[68]

Man entdeckte auch eine dritte Geschlechts-Kategorie in den Theorien des alten Ägypten, nämlich Eunuchen, Kastraten und Hermaphroditen. Diese Personen spielten keine große Rolle, allerdings werden diese Informationen, und welche Anschauungen die Ägypter über diese dritte Gender-Kategorie vertraten, noch ausgewertet.[69]

Wenn man Hinweise für Gender im alten Ägypten sucht, ist es leicht, Situationen und Fakten zu übersehen oder aufgrund ihrer Zweideutigkeit misszuverstehen. Die stark ›gegenderte‹ ägyptische Sprache mit ihren

---

66 Vgl. ebd.
67 Abb.: Cooney, Kathleen M. 2007: Labour, S. 169. In: Wilkinson, Toby (Hg) a.a.O.
68 Vgl. Wilfong, T.G. 2007, a.a.O., S. 211.
69 Vgl. ebd.

männlichen und weiblichen Determinativen ist in dieser Hinsicht besonders schwierig. Aber auch bei dargestellten Körpern und der Kleidung der alten Ägypter sind Rückschlüsse auf das Geschlecht nicht leicht, wie man in Deir el-Medina mit Blick auf die Verstorbenen feststellen kann. Man ist sich dabei oft nicht im Klaren, ob das Geschlecht durch Unachtsamkeit oder Absicht falsch dargestellt ist. Die Geschlechtlichkeit der Toten, ob zwei- oder dreidimensional dargestellt, variiert und ist nicht erklärbar. Die Referenz aller Toten führt über den männlichen Gottesnamen Osiris und ist unverständlich. Erst später in der ptolemäischen Zeit spielt die Geschlechter-Thematik bei den Toten eine große Rolle und wird meist über die Titel Osiris und Hathor gelenkt.[70]

17 Sexualität im alten Ägypten

Moderne Sexualität definiert sich immer über den Gender-Begriff, doch in anderen Zeiten und Kulturen ist das nicht immer der Fall gewesen. Es geht in der Diskussion um die Marker der Identität (heterosexuell, homosexuell, bisexuell), um Sexualität über so lange Zeit zu vergleichen.[71]
Die Untersuchungen über Sexualität im alten Ägypten stehen erst am Anfang und konzentrieren sich auf einfachste Quellen. Die Aufgabe wird durch die Tatsache erschwert, dass Ägyptologen früherer Zeiten tendenziell sexuelle Bilder und Material unterdrückten, verschleierten und veränderten. Außerdem sind die Quellen oft zweideutig und voller Anspielungen. Die bedeutendsten Werke auf diesem Gebiet sind J.A. Omlins Veröffentlichung des Turiner Erotik-Papyrus 1973 sowie Lise Manniches bahnbrechende Untersuchung »Sexual Life in Ancient Egypt« 1987. Auch Dominic Montserrats Buch »Sex and Society in Graeco-Roman Egypt« aus dem Jahr 1996 ist eine wertvolle Hilfe für Ägyptologen. Die

---

70 Vgl. ebd., S. 212.
71 Vgl. ebd.

Ägyptologie konzentriert sich in diesem speziellen Fall auf ›Beweiskörper‹ oder ›bodies of evidence‹, um Sexualität Jahrtausende vor unserer Zeit zu erklären.[72]

Die Ägypter selbst haben die Natur und Begrenzungen über ihr Verständnis von Sexualität nicht in einer einzelnen Quelle artikuliert. Die Herausforderung, die Sexualität des alten Ägypten zu verstehen, liegt im Versuch, ungleiche und oft höchst mehrdeutige Materialien zusammenzubringen. Unser Wissen über die Grenzen der ägyptischen Sexualität stammt größtenteils von Auflistungen negativer und ausschließender Aussagen, wie man sie im Kapitel 125 des ägyptischen »Buch der Toten« findet. Meistens findet man Anspielungen auf das männliche Sexualverhalten, die eben für den modernen Sexualforscher oft auf frustrierende Weise unspezifisch sind. Generell wird routinemäßig von (seinerzeit so empfundenem) sexuellem Fehlverhalten wie dem Ehebruch oder homosexuellem Geschlechtsverkehr Abstand genommen. Sexuelle Tabus im religiösen Kontext, wie die Abscheu vor einem speziellen Gott oder das Verbot der sexuellen Aktivität an einem speziellen Tag, sind oft sehr detailreich beschrieben, aber nicht besonders ergiebig. Wertvoller für die Forschung ist die Untersuchung sexueller Verhältnisse in ägyptischen Texten und in der Kunst.[73]

17.1 Fruchtbarkeit und Zeugungsfähigkeit

Implizit und explizit galt die sexuelle Aktivität und die sexuelle Beziehung in Ägypten immer der Fortpflanzung. Das Ideal war die Produktion von Erben und die Unterstützung der Eltern. Geduldet war sexuelle Aktivität nur in der Ehe. Ehebruch wurde mit sozialer Ächtung bestraft, und manche Quellen bezeugen, dass schuldige Ehebrecher ermordet wurden. Ehebruch führte oft zu Problemen der Erblinie, und der Haushalt, ›maat‹ genannt, wurde gestört. Daher wurde Ehebruch als ein Verbrechen eingestuft.[74]

---

72 Vgl. ebd., S. 212–214.
73 Vgl. ebd., S. 214.
74 Vgl. ebd.

Sexuelle Zeugungsfähigkeit wurde zum Symbol für Fruchtbarkeit im Allgemeinen. Sexuelle Abbildungen im alten Ägypten betonten tendenziell eher diese allgemeine Fruchtbarkeit als besondere Akte der Zeugung. Ein umfangreiches visuelles Vokabular entwickelte Symbole für Fruchtbarkeit in Höhlenzeichnungen und in der Dekoration von Häusern. In Deir el-Medina und an anderen Orten fand man Textquellen zur Fruchtbarkeit. Fruchtbarkeitsstatuen oder Teile von bzw. ganze Bilder von Menschen, die sexuelle Attribute zeigen, findet man in der ganzen ägyptischen Geschichte, obwohl ihre Funktion nicht immer verständlich ist. Zum Beispiel findet man Opfergaben an Hathor oder zahlreiche phallische Darstellungen.[75]

Sex um des Vergnügens willen war im alten Ägypten der Zeugungsakt an sich. Wegen der Abwesenheit spezieller Referenzen auf das Vergnügen beim Sex, etwa in den Liebesgedichten des Neuen Reiches, kann man oft nicht genau sagen, ob in ihnen auch das Vergnügen oder ob nur die Fruchtbarkeit eine Rolle spielte. Der sogenannte Turiner Erotik-Papyrus ist ein gutes Beispiel dieser Ambiguität. Feiert dieser Papyrus das Leben des Sex, ist er Pornographie oder Erotizismus, oder ist er satirisch ausgelegt? Sexuelle Aktivität vor der Ehe war nicht stigmatisiert, aber auch nicht gerade für Fortpflanzung vorgesehen. Hinweise auf Jungfräulichkeit, Verhütung und Schwangerschaftsabbruch zeigen, dass Ägypter auch Vergnügen an ihrer Sexualität fanden.[76]

17.2 Sexualität der Götter und Könige

Moderne Theoretiker der Sexualität in der klassischen Welt legen große Betonung auf die asymmetrische Machtbeziehung. Das sieht man besonders in Ägypten in der Darstellung der Götter und ihrer Macht. Ein gutes Beispiel ist im Mittleren und Neuen Reich zu finden, wo der ältere

---

75 Vgl. ebd.
76 Vgl. ebd., S. 214–215.

Gott Seth den jüngeren Gott Horus erfolgreich sexuell penetriert und so seine Dominanz zeigt. Das passiert im langen Kampf um die Nachfolge auf den Thron Osiris. Seths Absicht wird deutlich durch einen Trick im Neuen Reich. Die Szene vor den Göttern, in der der Samen eines jeden gesammelt wird, demonstriert, welcher Gott den anderen erfolgreich penetriert hat und somit mächtiger ist. Seths Karriere nach dieser und anderen Quellen zeigt zu einem gewissen Teil das Paradigma der Genderforscher, wonach ein erwachsener Mann jeden anderen mit niedrigerem Status dominieren kann, wie etwa Frauen, jüngere Männer oder Sklaven. In der Tat sehen Historiker der antiken Sexualität Macht als zentralen Faktor in der Wahl des sexuellen Objekts, mehr als zum Beispiel sexuelle Orientierung oder Präferenz. Während das für die Götter im alten Ägypten galt, ist es für Sterbliche weit weniger der Fall gewesen. Die Sexualität der freien erwachsenen Männer Ägyptens war weniger breit ausgestaltet als jene der Griechen oder Römer. Das Buch der Toten suggeriert sowohl Möglichkeiten als auch eine Ablehnung von Ehebruch und homosexuellem Geschlechtsverkehr.[77]

17.3 Homosexualität

Männliche Homosexualität wurde oft literarisch erwähnt, meist ablehnend, nichtsdestotrotz wird aber eben deutlich, dass es solche Verbindungen im alten Ägypten gab. Richard Parkinsons[78] Studie mittelägyptischer literarischer Quellen ist hierzu die wichtigste Arbeit in letzter Zeit. Ob allerdings die Ägypter Homosexualität analog zu unserem heutigen Konzept lebten, bleibt ungewiss. Die Wissenschaft ist sich einig, dass die Ägypter Homosexualität anders sahen als die Menschen heute, aber manche koptischen Quellen weisen darauf hin, dass es solche Ver-

---

77 Vgl. ebd., S. 215.
78 Siehe: Parkinson, R.B. 1995: Homosexual desire and Middle Kingdom literature, Journal of Egyptian Archeology 81: S. 57–76.

haltenskategorien doch schon gab, wenn nicht sogar eine homosexuelle Identität. Homosexuelle Akte sind im »Buch der Toten« verboten und in anderen Quellen verpönt, manchmal werden homosexuelle Beziehungen dennoch dargestellt. Vielleicht ist das beste Beispiel die Affäre des mittelägyptischen Königs Neferkara mit seinem General Sisenet. Die Geschichte ist weit davon entfernt, diese homosexuelle Beziehung als ›erlaubt‹ hinzustellen, die geheim blieb und die vom König am Schluss der Geschichte wahrscheinlich beendet wurde. Nichtsdestotrotz bleibt dieses Beispiel eine Repräsentation von einer Beziehung zwischen zwei Männern. Andere Beweise sind mehrdeutiger, und die Versuche, homosexuelle Beziehungen zwischen historischen Personen wie Akhenaten, Smenkhara, Niankhkhnum und Khnumhotep zu finden, sind mit figürlichen Beweisen in der Wissenschaft kaum beachtet worden.[79]

17.4 Ehe zwischen Familienmitgliedern

Besondere Formen der Sexualität wie Inzest waren nicht verboten, wie klassische Autoren herausgefunden haben. Nahe Verwandte konnten heiraten, speziell Bruder und Schwester, wie Quellen immer wieder aufzeigen. Ägyptens Könige heirateten ihre Schwestern, Halbschwestern und selten sogar ihre Töchter in manchen Perioden als ein Mittel, den Reichtum und die Macht ihrer Familie zu stärken und göttlichen Vorbildern nachzueifern. Die frühen Generationen von ägyptischen Göttern waren darauf angewiesen, eine Bruder-Schwester-Ehe einzugehen, um die nächsten Generationen von Gottheiten zu produzieren. Obwohl die Worte für Bruder und Schwester in manchen Zeitabschnitten weit verbreitet waren und als Kosewörter für Liebende fungierten oder als Benennung für Ehemann und Ehefrau, hatte die Eheschließung von nahen Verwandten nur für die pharaonische Familie gegolten. In der römischen Periode kam es

---

79 Vgl. Wilfong, T.G. 2007, a.a.O., S. 215 – 216.

in Ägypten zu einem gewaltigen Anstieg von Eheschließungen innerhalb der Familie, inklusive vieler Bruder-Schwester-Ehen, wie Zensus-Dokumente beweisen. Ein ganzes Viertel der Ehen im Fayum-Becken waren Verwandtschaftsehen. Diese Zahlen gehen weit über Vergleichbares in der gesamten Menschheitsgeschichte hinaus, und der Grund für dieses beispiellose Ausmaß von Geschwisterehen im römischen Ägypten ist unklar.

17.5 Alternative Sexualität

Beispiele für Zoophilie und Nekrophilie als Praktiken von Alt-Ägyptern wurden von Forschern auf dem Feld von Religion und Begräbnis gezeigt. Diese Praktiken sind anhand der Literatur nicht sicher nachweisbar. Doch tauchen in altägyptischen Texten Beschreibungen sowohl von Sex mit Tieren wie von Sex mit Toten auf. Legale Dokumente des Neuen Reichs und der dritten Zwischenzeit beschreiben oft, dass Gewalttäter und deren Familien, die diese Grenzen überschreiten, mit der Vergewaltigung durch einen männlichen Affen bestraft wurden. Dieser Affe ist assoziiert mit dem Gott Seth, der durch seinen sexuellen Heldenmut und durch die Sünde in Erscheinung tritt.[80]

Sexuelle Aktivität zwischen Tieren wird oft in Grabstätten dargestellt. Diese Bilder symbolisieren Landwirtschaft und Fruchtbarkeit. Manchmal werden sexuelle Darstellungen zwischen Tieren auch humoristisch repräsentiert wie etwa der satirische Papyrus BM 10016/I des British Museums.[81]

Obwohl tatsächliche Sexualität zwischen Lebenden und Toten in den altägyptischen Quellen nicht nachweisbar ist, ist diese Form von Sexualität oft in Anspielungen vorhanden, wenn sie auch kaum verstanden wird. Begräbnisliteratur aus unterschiedlichen Perioden stellt die Toten als menschliche und auch sexuelle Wesen ins Zentrum: So ist die post-

---

80 Vgl. ebd., S. 216.
81 Vgl. ebd.

mortale Fruchtbarkeit der Toten von besonderem Interesse. In einem Leben nach dem Tode, wie in manchen Texten steht, ist die Fruchtbarkeit von Mumien besonders in den späteren Perioden durch sexuelle Merkmale dargestellt – sowohl an den realen toten Körpern wie auch auf Grabzeichnungen. Sexuelle Merkmale der Mumien sind eine Besonderheit der altägyptischen Kultur. Und die Toten können mit den Lebenden sexuelle Situationen initiieren, nämlich mithilfe ihrer materialisierten Spiritualität und ihrer Geister. Die spektakulärste Geschichte diesbezüglich ist die von Setna I. Darin erregt der Geist Tabubu den Priester Setna sexuell, jedoch wird ihre Verbindung nie vollzogen. Die Aufmerksamkeit der Ägypter richtete sich nicht so sehr auf das Sexuelle bei den Toten, viel interessanter waren Dämonen für sie. Viele magische Texte handeln von sexuellen Übergriffen durch Dämonen, wie etwa Vergewaltigung durch die Ohren.[82]

Um die Sexualitäten Ägyptens besser einschätzen zu können, müssen die Dokumente noch weiter begutachtet werden. Die neuen Daten werden für Ägyptologen noch spannende Erkenntnisse bringen.[83]

> siehe Abbildung 12: orig. engl.: Figure 15.2 Faience phallic amulet from Karanis, University of Michigan, excavations 1933, first-third centuries AD (Kelsey Museum of Archaeology, University of Michigan KM 24160). Reproduction approximately three times actual size.[84]

18 Gender und Körpertheorie des Mannes in der Kunstgeschichte

Die Genderforschung über Ägypten untersucht den Mann als Gottesgestalt in Sammlungen, Dokumentationen und ikonographischen Be-

---

82 Vgl. ebd., S. 216–217.
83 Vgl. ebd., S. 217.
84 Abb.: Ebd., S. 213.

schreibungen von Kunstwerken und Bauten. Der Mann ist die Hauptantriebskraft einer offenen Ära im ägyptischen Weltbild. Um die Konzeption von Männlichkeit in Ägypten zu verstehen, braucht man ein intersubjektives Netzwerk an religionswissenschaftlichen Zeugnissen. In Ägypten wurde der Mann, seine Natur, seine Identität, auf biopsychischer Ebene festgehalten. Homoerotizismus ist in Ägyptens Fall ›ethisch‹. Ägyptens Männlichkeit ist das komplexe Produkt einer höchst persönlichen, oft problematischen, teilweise unbewussten und gesellschaftlich eingeschränkten Selbstkultivierung in der ästhetischen Kultur.[85]

Ägypten hat mit stillen Argumenten begonnen, Kunstwerke zu schaffen, und war als erstes dabei, damit geschlechtliche Grenzen zu überschreiten. Der Mann konnte so für immer als transzendentales Wesen sichtbar gemacht werden. Mit den Überlieferungen aus der ägyptischen Kunst kann man den Mann textkritisch, psychobiographisch und strukturell ›göttlich‹ überliefern. Wir wissen dabei nicht, ob im ägyptischen Alltag Homosexualität an- oder abwesend war.[86]

Kunsthistoriker wissen nicht viel über den ägyptischen Körper. Er ist abgebildet, konstruiert, stilisiert, fragmentiert, abstrakt oder verschwindend. Ägyptens Weg ist der eines sexualitätsproduzierenden Diskurses, der mythologisch gedeutet wird und der erotische Effekte ebenso ausblendet wie den Faktor der Schaulust. Der Körper im alten Ägypten bildet die Schnittstelle zwischen Individuum und Gesellschaft. Von hier aus finden wir das Verhältnis des Einzelnen zum Körper. Die Gender-Zuschreibung von Judith Butler würde am Beispiel des alten Ägypten etwa bedeuten, dass die alten Körperbilder sich in performativen Akten der Wiederholung verfestigen und zugleich verschieben können. In ihrer Rezeption soll aber die Erkenntnis zutage treten, dass das Bild vom Körper

---

85 Vgl. Davis, Whitney 2006: Auszug aus: Schwulen- und Lesbenforschung und Queer Theory in der Kunstgeschichte. In: Zimmermann, Anja (Hg.): Kunstgeschichte und Gender – Eine Einführung. Berlin: Reimer, S. 53 – 54.
86 Vgl. ebd., S. 54 – 55.

und von der Körpererfahrung der Ägypter theoretisch und historisch nicht zu hintergehen ist.[87]
Eine weitere wichtige Frage ist die nach den diskursiven Überschneidungen von Körpermodellen aus verschiedenen gesellschaftlichen Bereichen. Ägyptens Produktion von Körperbildern in der bildenden Kunst stand immer schon im Austausch mit Körpervorstellungen anderer institutioneller Felder der ägyptischen Gesellschaft. Auf diesen wurden Körperpolitiken betrieben, u.a. in der Anatomie und Medizin, der Theologie und Strafgerichtsbarkeit, dem Erziehungswesen, der Biotechnologie und den Medien. Die These der grundlegenden Historizität solcher Körpermodelle führt zu einem Prozess der Zivilisation von Geschlecht.[88] Das alte Ägypten beweist einmal mehr, dass die Scham bei Nacktheit im Kontext von Sexualität immer schon zum Wesen der Menschen und der gesamten Menschheit gehört hat. Ägyptens Diskurs ist der eines Naturalismus, einer Idealisierung und eines Illusionismus von Geschlecht. In der Gesamtheit der menschlichen Geschichte ist dieser Diskurs teleologisch ein Sprung von Menschen zu Göttern in einer gewaltigen Körpermaschinerie.[89]

19 Das Bild des Vaters in Ägypten

Mit dem Bild des Vaters verbinden sich die höchsten und zentralsten Werte der altägyptischen Welt. Die ägyptische Welt dreht sich um die Achse von Vater und Sohn. Es ist eine vertikale Achse, die Assmann »vertikale Solidarität« nennt. Solidaritäten und Verpflichtungen, und eine Kultur steinerne Monumente, die ihr Heil in der massiven gestaltlichen

---

87 Vgl. Schade, Sigrid 2006: Körper und Körpertheorien in der Kunstgeschichte. In: Zimmermann, Anja (Hg.), a.a.O., S. 61–65.
88 Vgl. ebd., S. 65.
89 Vgl. ebd., S. 67–68.

Selbstverewigung sucht, sind aber nicht unbegrenzt monolithisch. Illusion und Moment sind Begrenzungen dieser ewigen Achse. Diese vertikale Mitmenschlichkeit zeigt auch das Göttliche als das Männliche über alle Zeitgrenzen hinweg.[90]

19.1 Der Vater als Erzeuger: Geschlecht und Abstammung

Filiationsangaben dienen nur in Ausnahmefällen dem sozialen Prestige. Während der Herkunftsstolz sich auf beide Eltern bezieht, findet man genealogische Bindungen wie ›Blut‹ oder ›Samen‹. Die Vererbung eines Amtes oder der Priesterschaft in der eigenen Familie galt zwar in Ägypten immer als erstrebenswert, bedurfte aber der Zustimmung des Königs, von dem die Berufung ausging. Hier scheinen religiöse Reinheitsvorstellungen eine Rolle zu spielen. Der Name des Kindes wird nun in Ägypten nicht, wie etwa in Mesopotamien, mit dem väterlichen Prinzip, dem Samen, in Verbindung gebracht, sondern der Vater formuliert ihn aus den Worten, die die Mutter bei der Geburt spricht.[91]

Das Prinzip der patrilinearen Filiation führte nicht zu Hypostasierungen, und entsprechend fehlt hier eine Überhöhung der Vaterfigur, wie wir sie aus dem Alten Testament kennen. Mit der bloßen Abstammung ist es nicht getan: Der Sohn hat sich als solcher zu erweisen. Der Same des Vaters als solcher ist nun einmal aufsässig, sagt der Weise Ptahhotep:[92]

»Wenn du ein reifer Mann geworden bist,
dann schaffe dir einen Sohn, um Gott gnädig zu stimmen.
Wenn er gerade ist und sich zu deiner Art wendet,
sich um dein Gut in gehöriger Weise kümmert,
dann erweise ihm alles Gute:

---

90 Vgl. Assmann, Jan 1991: Stein und Zeit – Mensch und Gesellschaft im alten Ägypten. München: Fink. S. 93–95.
91 Vgl. ebd., S. 96–97.
92 Vgl. ebd., S. 97.

*er ist dein Sohn, er gehört zu den Zeugungen deines Ka,
du darfst dein Herz nicht von ihm trennen.
Aber der Same ist aufsässig.
Wenn er in die Irre geht, deine Pläne übertritt,
wenn er sich allem Gesagten widersetzt,
und sein Mund geht mit üblen Reden:
verstoße ihn, er ist nicht dein Sohn,
er ist dir nicht geboren.«* [93]

Hier wird die Vorstellung von der Aufkündbarkeit der Vaterschaft unterstrichen, wie sie zum Beispiel auch in einer Königsinschrift Sesostris des III. um 1850 v. Chr. in aller Schärfe formuliert wird. Die Aufkündigung oder Annahme der Vaterschaft ist nicht Sache der natürlichen, physiognomischen Ähnlichkeit oder Unähnlichkeit des Blutes, sondern einer geistigen Ebenbildlichkeit, die sich im Verhalten zeigt. Wer diese Zusammenhänge verkennt, läuft Gefahr, die Gottessohnschaft des Königs ›mythisch‹ zu vereinseitigen. So kann sich jeder ägyptische Soldat als Sohn des Königs fühlen und diesen rekognoszierenden Anspruch auf die tatsächliche und eingebildete Vaterschaft anwenden.[94]

19.2 Der Vater als Ernährer und Erzieher

Der ägyptische Vater bietet seiner Familie, seinem Haus, Versorgung und Schutz. Das Ägyptische hat kein Wort für ›Familie‹ im engeren Sinn. In der Ideologie entsteht das Bild eines Über-Vaters, das erst auf den König und später auf die Gottheit übertragen wird. Wenn man im übertragenen Sinne die Gottheit in ihrem Versorger-Aspekt preisen will, nennt man sie nicht ›Vater‹, sondern ›Vater und Mutter‹ der Menschheit. Umso bezeichnender ist es, dass das Bild des Über-Vaters seine Genese den Zerfalls-

---

93 Ebd., S. 97–98.
94 Vgl. ebd., S. 99.

perioden der königlichen Zentralgewalt verdankt. Erst nach dem Ende des Alten Reichs und dann sehr viel später, nach der Krise von Amarna, suchte man auf der religiösen Ebene bei Gottheiten Schutz in der Rolle des großen männlichen Patrons.[95]

Auf der pädagogischen Ebene tritt uns der ägyptische Vater nun in seinem ureigensten Bereich und in seiner reichsten Entfaltung entgegen, nämlich in der väterlichen Weisheit. Der Einklang des Individuums mit der Gesellschaft heißt Einklang mit Gott, sodass dieser ›Weg des Lebens‹ im Jenseits seine Fortsetzung findet und zu dem führt, was die Ägypter sich unter ewiger Seligkeit vorgestellt haben. Zusätzlich müssen wir den ägyptischen Vater als Initiator von Normen verstehen sowie als Verweisfigur, um Ordnung zwischen Gott und Mensch zu erschaffen. Biologisch gesehen wird das Herz als »Gott im Menschen« bezeichnet, weil es dem Schöpfergott bei der Erschaffung und Erhaltung der Welt beisteht. Der ägyptische Vater macht sich an die Urkräfte der Schöpfung, macht den Unwissenden wissend und wird so zum vollen Vater. Besonders nach Echnaton scheint diese Überhöhung des Vaters in den Gottesbegriff eingegangen zu sein.[96]

19.3 Der tote Vater

Das Vaterbild beschreibt in Ägypten eine ansteigende Bedeutungskurve. Je älter der Sohn, desto bedeutender wird der Vater für ihn. In den Zenit dieser Kurve tritt der Vater jedoch erst nach seinem Tode. Erst die Gestalt des toten bzw. jenseitigen Vaters reicht in jene Tiefenschichten der Kultur, die uns berechtigen zu fragen, ob das alte Ägypten eine Art Vater-Religion aufgebaut hat. Der jenseitige Vater wird zu einer Art ›Tiefenvater‹, der sich in den verschiedensten Zusammenhängen manifestiert, etwa der Religion, des Königtums, des Totenkults, der Mythologie

---

95 Vgl. ebd., S. 100–104.
96 Vgl. ebd., S. 104–115.

und der Anthropologie. In der Regel bildet sich eine Vater-Sohn-Chimäre zwischen Gottheiten, wie urbildhaft fixiert und überliefert wurde. Unsterblichkeit und Kontinuität werden durch eine Abfolge von Generationen immer wieder verkörpert.[97]

Die Konstellation der Unsterblichkeit nennen wir auf universaler Ebene die Kamutef- oder Ödipus-Konstellation. Kamutef ist ein ägyptischer Göttername und heißt »Stier seiner Mutter«. So werden Götter genannt, die als Exponenten der männlichen Zeugungskraft gewissermaßen als Erzväter verehrt werden und auch immer wieder weibliche Muttergottheiten hervorbringen. Die Konstellation verbindet ein unvergängliches, im Zyklus der Verkörperungen in Vater und Sohn auseinandertretendes männliches Prinzip mit einem ebenfalls unvergänglichen, aber in der Form einer Muttergattin in sich selbst verharrenden weiblichen Prinzip.[98]

In der Gegenüberstellung und Verbindung von Sohn und totem Vater wird der abstrakte Gegensatz von Diesseits und Jenseits gedacht und zugleich die Möglichkeit einer Mediation und einer Grenzüberschreitung formuliert. Der sich mit dem Weib vereinigende Mann wird zum Vater seiner selbst und bringt sich im Sohn selber hervor. Zum einen werden dadurch männliche und weibliche Zeiten unterschieden: Die bleibende Zeit ist das weibliche, die kommende Zeit ist das männliche Element. Zum anderen zeigt der Gegensatz zwischen dem Überzeitlichen Gottes und der Zeitlichkeit seiner innerzeitlichen Manifestationen das transzendentale Eine und die Vielheit der zyklischen immanenten Verkörperungen.[99]

19.4 Vater-Sohn-Konstellation auf der Ebene des Götterkults

Seit der vierten Dynastie führt der ägyptische König den Titel »Sohn des Sonnengottes«. Ungefähr seit dieser Zeit wird die Horusgestalt, die

---

[97] Vgl. ebd., S. 115–116.
[98] Vgl. ebd., S. 116–117.
[99] Vgl. ebd., S. 117.

sich in ihm verkörpert, immer häufiger im Sinne des Osirismythos ausgedeutet. Das Sohnschaftsdogma wird immer mehr zur Königsideologie mit Mysterium- und Bündnischarakter. Alles königliche Handeln, ob als Feldherr, Richter, Priester oder vor allem als Bauherr, folgt den Normen der Sohnespietät für die Belange Gottes. Das vieldeutige Sohnschaftsdogma verbindet den König mit allen Göttern auf verschiedene Weise. Der mythische Aspekt der Gottessohnschaft des Pharaos, der mit der Geburt des Gottkönigs eingeleitet wird, ist eine Intervention des Gottes in der Rolle und Gestalt des königlichen Vaters, die man als Vorwegnahme der »Präexistenz-Christologie« verstehen kann und muss.[100]

Die Erzeugung von Luft und Feuchte (äg.: Schu und Tefnut) wird mit der Schönheit des Sohnes gleichgesetzt und als Schöpfungsereignis in einer noch chaotischen, raum- und zeitlosen Vorwelt gedeutet.[101]

Die Gestalt des Ketzers Echnaton hat in der Geschichte des Sohnschaftsdogmas eine besondere Rolle gespielt. Vieles spricht dafür, dass dieser König seine religiöse Revolution im Zeichen einer ins Wahnhafte übersteigerten Form dieses Dogmas verkündet hat. Er hat alles rigoros abgeschafft, was zu dieser persönlichen Vater-Sohn-Beziehung mit der Gottheit nicht passen wollte. In der Amarna-Religion haben wir eine Vater-Religion in ihrer reinsten Ausprägung vor uns. Als Gott ist die Sonne Vater und nichts außer der Vater, verbunden mit dem König, dem Sohne und Mittler. Man findet hier keine göttliche Vielfalt an Konstellationen.[102]

19.5 Kamutef- oder Ödipus-Konstellation

Im Bereich astraler Mythen überträgt der Ägypter das Vater-Sohn-Dogma auf das Inkorporationsdogma. Auf eine heute kaum noch zu ergründende Weise nimmt die Verkörperung Gottes in Form einer In-

---

100 Vgl. ebd., S. 128–130.
101 Vgl. ebd., S. 130.
102 Vgl. ebd., S. 133–134.

stitution an. Institutionen sind etwas Abstraktes und besitzen eine andere Zeitlichkeit als die Individuen, die sie verkörpern. Das Mittelalter ordnete sie dem aevum zu und stellte sie mit Engeln auf eine Stufe. Dass es bei der Kamutef-Idee letztlich um den Ausdruck einer Unsterblichkeitssehnsucht geht, zeigt sich aufs Klarste in der dominierenden Rolle, die sie in den Totentexten spielt. Die gesamte ägyptische Gottestheologie institutionalisiert die Deutung des Todes als Vereinigung mit Vater und Mutter.[103]

Durch die Deutung des Todes zeigt die Familie die Unendlichkeit der bewegenden Lebensenergie. Genauer gesagt glaubt der Vater wohl nicht selbst im Sohne weiterzuleben, sondern in Gestalt eines beiden Gemeinsamen, Überindividuellen und Immateriellen, das von ihm auf den Sohn übergeht. Auf der königlichen Ebene ist das der Gott Horus, auf der Ebene der allgemeinen altägyptischen Anthropologie ist das der KA »Stier«. Weiter gedacht bedeutet diese schwierige Verbindung »Stier seiner Mutter«, KA ist der Inbegriff aller zeugenden Lebenskräfte, die vom Vater auf den Sohn und von den Göttern auf den König und von ihm auf die menschliche Gesellschaft übergehen – der Inbegriff der Paternalität.[104]

20 Gestalt und Bildnis in der ägyptischen Kunst

Die ägyptische Kunst ist ›eponym‹, d.h. jedes Kunstwerk trägt einen Namen, nämlich den des dargestellten Auftraggebers. Hinter jedem selbstveranlassten Porträt steht der Wunsch des Auftraggebers nach Dauer, nach Todesüberwindung, nach Fortdauer in einem unvergänglichen Medium. Der Ägypter war bestrebt nach monumentaler und ikonischer (Porträt) sowie textlicher (Inschrift) Selbstthematisierung. Ideologisch

---

103 Vgl. ebd., S. 134–135.
104 Vgl. ebd., S. 135–137.

gesehen ist Ägyptens Kunst der Ähnlichkeit verfallen, einem Spezialfall von Unverwechselbarkeit. Es geht den Ägyptern aber um mehr als um Unverwechselbarkeit der Gestalt, es geht um die Physiognomie einer Gottesgesellschaft. Mit einer göttlichen Übersteigerung von Ausdruck und Verkörperung zeigen die Ägypter ihre einzigartige Seelenform.[105]

21 Ikonographie der Göttlichkeit

Neben den Insignien wie etwa Bart, Haartracht, Kronen, Zepter, besondere Kleidung, die die Macht des Königs bezeugen, heben einige spezifische Einzelheiten seines menschlichen Aussehens seinen göttlichen Charakter hervor. Mit der Übernahme tierischer Formen stellte man die Bande zwischen den Göttern und diesem einzelnen Menschen dar. Oft ist ein Stierschwanz an den Lendenschutzgürtel des Königs geheftet, der zudem als »siegreicher Stier« qualifiziert wird. Diese Besonderheit geht auf die vordynastische Zeit zurück, da der König dort auf der Narmer-Palette in der rein tierischen Gestalt eines Stiers erscheint.[106]
Der Falke, die bildliche Darstellung des Horus, kann den Kopf des Königs bedecken und ihm damit seinen Schutz versichern, so wie es bei der Statue des Königs Chephren im Taltempel seines Grabkomplexes in Giza der Fall ist – eine Ikonographie, die sich halten wird, zum Beispiel auch an einer fragmentarischen, zwischen Thutmosis III. und Thutmosis IV. zu datierenden Statue zu sehen ist, auf der die Vogelschwingen und die königliche Perücke kaum voneinander zu unterscheiden sind.[107]
Horus in Falkengestalt schützt Nektanebos II., der in sehr viel kleinerem

---

105 Vgl. ebd., S. 138–145.
106 Vgl. Zivie-Coche, Christiane/Dunand, Francoise 2013: Die Religionen des alten Ägypten. Stuttgart: Kohlhammer, S. 73.
107 Diese Statuen sind in Kairo (CG14) bzw. im Pariser Louvre (E5351) ausgestellt. Vgl. Zivie-Coche, Christiane/Dunand, Francoise 2013, a.a.O., S. 73.

Maßstab zwischen den Klauen des Vogels dargestellt ist, während Hauron (Hurun), der syropalästinensische Falkengott, den auf die Größe eines Kleinkindes reduzierten Ramses II. in seinen Fängen hält.[108]
Beide Darstellungen präsentieren sich in Form eines dreidimensionalen steinernen Kryptogramms, das dazu dient, den Namen des Königs zu schreiben. Das Bild des Königs in der Zwiegestalt der Sphinx mit Löwenkörper und Menschenhaupt erscheint seit der großen Sphinx von Giza, des Bildes Chephrens, als eine der Darstellungen des Herrschers schlechthin, die alle möglichen ikonographischen Variationen erlebt hat.[109]
Die Tiere treten symbolisch als die übermenschliche, göttliche Kraft auf, über die der menschliche, das Göttliche auf Erden verkörpernde Pharao verfügt. Diese Zoomorphie ist in Ägypten eine einzigartige Quelle der Geschichte und Inspiration geworden. Die Auffassung vom König – symbolisiert als Stier, Falke, Löwe – ist zweifellos in die Nähe der Kulte der heiligen Tiere zu rücken, wie sie sehr früh in Memphis mit Apis und in Heliopolis mit Mnevis eingeführt wurden. Wie beim Pharao handelt es sich immer um ein Unikum, für das man bei seinem Tod einen Nachfolger findet. Dieser Kult eines heiligen Tieres, wie etwa Apis, ist etwas ganz anderes als etwa die Aufzucht von Tieren in der Nähe der Tempel, wie man sie in der Spätzeit finden wird. In derselben Zeit wurden allerdings auch millionenfache Mumifizierungen verschiedener Tierarten durchgeführt.[110]
Die Künstler karikierten die Gottkönige auch oft, wie man etwa in idealisierungsfreien Skizzen sehen kann. Entsprechende Tonscherben wurden in den Gräbern von Deir el-Medina gefunden. Parallel dazu nahm man Übertragungen von menschlichen und königlichen Handlungen ins Tierische vor und überlieferte beliebte Tierfabeln. Ganz wie im literarischen

---

[108] New York MMA 34.2.1. bzw. Kairo JE64735. Vgl. Zivie-Coche, Christiane / Dunand, Francoise 2013, a.a.O., S. 73.
[109] Vgl. ebd., S. 73.
[110] Vgl. ebd., S. 73–74.

Bereich zeigten die Ägypter auch in der bildnerischen Darstellung ihre Fähigkeit, zwischen dem statuenhaften Pharao in seiner Funktion und dem Individuum zu unterscheiden.[111]
Durch die tierischen Darstellungen des ägyptischen Pharaos und auch des ägyptischen Gottes wird männliche Transzendenz abgebildet. Das ›Tier im Manne‹ ist ein besonderes Merkmal der ägyptischen Welt und zeigt die bildgewaltige Kraft dieser Kultur. Die Ikonographie Ägyptens ist eine Triade zwischen Pharao, Gott und Tier.

22 Gestalten der Götter

22.1 Bildlichkeit

Ägyptische Götter können auf verschiedene Weise dargestellt werden. Ikonographische Tauschvorgänge lassen sich auch in der Zeit der Antike nachweisen, und auch der Hinduismus entfaltet seine vielgestaltigen Götter. Der israelitische Monotheismus hingegen verbietet Götterbilder. Das Abendland hat sich daran gewöhnt, tunlichst keine Bilder Gottes zu verehren. Das in der Bibel verhängte Bilderverbot hat seine Quelle in der Furcht, man könnte die Idole an sich anbeten. Die Ägypter wurden als Heiden geschmäht, weil sie simple Abbildungen aus Stein oder Holz anbeteten, in denen sich das Menschliche mit dem Tier zu einer monströsen Mischung verbindet. So wurde etwa die Monumentalstatue des Serapis, die das Serapeum in Alexandria schmückte, möglicherweise gewaltsam vernichtet. Sehr lange wurde angenommen, dass Bildlichkeit eine Tradition schlechten Glaubens sei.[112]
Die Ägypter selbst hatten das Selbstverständnis, lediglich Bilder von Göttern anzufertigen. Hingegen sei es der Demiurg gewesen, der sie,

---

111 Vgl. ebd., S. 74.
112 Vgl. ebd., S. 121–122.

die Menschen, geschaffen, so wie er am Anfang der Welt die Götter geschaffen habe. Die ägyptischen Priester haben kein theoretisches Traktat über ihre Vorstellung vom Göttlichen hinterlassen, dennoch ist ein besonderer Text besonders erhellend: der Text des Schabaka-Steins, das Dokument der memphitischen Theologie. Der Kosmogonieteil geht im Original wahrscheinlich auf die Ramessidenzeit zurück und berichtet von der Erschaffung der Welt mittels des Geistes und des Wortes, die durch das Herz und die Zunge bezeichnet werden. Der Demiurg in Gestalt des memphitischen Gottes Ptah-Tatenen hat die anderen Götter geschaffen.[113]

Die Menschen, die nach dem Muster ihres Demiurgen die Bilder ihrer Götter schaffen, stellen damit also in keinem Fall einen Gott selbst in der Gesamtheit seines Wesens dar. Vielmehr erlaubt es ihnen eine Darstellung aus Menschenhand, diesen Gott anzurufen, ihn partiell zugänglich zu machen, während man ansonsten behaupten kann, sein wahres Wesen sei für die Menschen nicht erkennbar.[114]

Die Autobiographie eines Bildhauers namens Hatiay, der gegen Ende der 18. Dynastie tätig war, ist sehr aufschlussreich, was die Beziehung zwischen den Menschen und den Götterbildern angeht. Dieser Mann, der das volle Vertrauen des Pharaos besaß, wurde in das ›Goldhaus‹ geführt, um die Statuen und Bilder der Götter zu schaffen und zur Welt zu bringen (mes). Er wurde also dazu gebracht, an diesem geheimen Ort, dem Goldhaus, die Götter in ihren Manifestationen zu sehen (äg. cheperu und mesut) und sie mit ihren Heiligtümern zufrieden zu stellen. Das ist auch die Rechtfertigung für die Existenz der Götterbilder, denn sie sind aus dem Willen des Demiurgen selbst geboren.[115]

Das älteste dieser Rituale ist seit dem Alten Reich bekannt und wird bis zum Ende der ägyptischen Geschichte vollzogen: das »Mundöffnungsritual«. Es wird an einer Statue oder an einem mumifizierten mensch-

---

113 Vgl. ebd., S. 122.
114 Vgl. ebd.
115 Vgl. ebd., S. 123.

lichen oder tierischen Leichnam vollzogen. Mit einer Reihe von magischen Handlungen werden so Körper wiedergeboren und geöffnet. Als Mittlerinstanz werden Menschen zu Personen Gottes.[116]
Ein weiteres Ritual ist die »Vereinigung mit der (Sonnen-)Scheibe«, auch »Berühren der Sonne« genannt. Man setzte die Statuen den Sonnenstrahlen aus, um sie durch diese physische Begegnung mit dem lebensspendenden Gestirn zu erneuern. Diese Handlung wurde ausgeführt, um die Götterbilder neu mit göttlicher Energie aufzuladen.[117]

22.2 Vielfalt der Bilder

Die Gottesbilder Ägyptens sind sehr vielfältig gestaltet, allerdings sind die Varianten oft sehr geringfügig, um den Gott mit seinem Namen erkennen zu können. So ist Ptah in Tücher gewickelt, und sein Kopf ist mit einer anliegenden Mütze bedeckt. Osiris wird mit Leichentuch, häufig mit dunklem Fleisch und mit seiner charakteristischen atef-Krone dargestellt. Man erkennt Osiris auch oft daran, dass er mit einem die Knie freilassenden Schurz bekleidet ist. Der schakalköpfige Anubis wird oft durch seine vollständig tierische Schakalgestalt ersetzt. Der menschengestaltige Thot ist dank seines Ibiskopfes leicht erkennbar. Allerdings sind das nicht die gängigsten Gestaltdarstellungen. Der menschengestaltige Gott mit Widderkopf kann sowohl auf Amun wie auf Chnum oder auf den Widder / Ba von Mendes verweisen, wenn der Name fehlt.[118]
Eine Gottheit kann mehrere Gesichter besitzen, hinzu kommt die Vielzahl an Namen. Manche Götter, wie Ptah, Thot oder Chon, haben einen Falkenkopf oder sind Mondgötter, die die Mondsichel und die Mondscheibe auf dem Haupt tragen. Das falkenköpfige Bild teilt Chon mit seinen Gattungsgenossen Horus und Month oder auch mit Re-Harachte.[119]

---

116 Vgl. ebd., S. 124.
117 Vgl. ebd.
118 Vgl. ebd., S. 125.
119 Vgl. ebd.

Auf dem Weg über vielfältige Ikonen versuchten die Ägypter den buntschillernden Reichtum einer Gottheit sichtbar zu machen, die sich nicht auf ein einziges Erscheinungsbild beschränkt. Sie versuchten, die möglichen Blickwinkel zu vermehren, um so ihre Wahrnehmung zu verfeinern. In der Forschung versuchte man, die Spuren der betreffenden Götter, die aus den Archiven der Lebenshäuser ausgegraben wurden, neu zu interpretieren.[120]

Eine Kombination allerdings scheint ikonographisch ein gewisses Zögern ausgelöst zu haben: die Vermischung der Genera, des Maskulinums und des Femininums. Während der Demiurg von den Texten als männlich und weiblich, als Vater und Mutter, und Neith als »Frau, die den Mann macht«, definiert wird, zeigt keine einzige bildliche Darstellung Atum, Amun oder Neith als doppelgeschlechtliche Wesen. Das bleibt der begrifflichen Ebene vorbehalten.[121]

Man begegnet seltenen Bildern einer ithyphallischen Mut in der Vignette des Nachtragskapitels 164 aus dem Totenbuch oder auch einer ebenfalls ithyphallischen Nut in einigen Szenen auf Sarkophagen der 21. Dynastie, die die durch den Luftgott Schu von ihrem Gatten Geb getrennte Göttin zeigen – allesamt Einzelfälle, die schwer zu erklären sind.[122]

Die Gestalt des Hapi, der personifizierten Überschwemmung, die häufig auf Tempelwänden zu sehen ist, wurde irrtümlich oft als androgyn bezeichnet. In Wahrheit sind es schlicht und einfach dickbäuchige männliche Personen mit schlaffer Brust, die durch ihre Beleibtheit die Größe der Überschwemmung und nicht etwa eine ambivalente Sexualität zum Ausdruck bringen. Nur sehr selten treffen wir in der ägyptischen Ikonographie auf Göttergestalten, die, wie gewisse Statuen der Dogon, alle Attribute beider Geschlechter besitzen.[123]

Es gibt einen ägyptischen Pantheismus, der die Hermetik Ägyptens auf-

---

120 Vgl. ebd., S. 126.
121 Vgl. ebd.
122 Vgl. ebd.
123 Vgl. ebd.

greift (»hen kai pan«) und der es erlaubt, die Gottheit in jedem Ding zu finden. Die Formel, auf die man sich gestützt hat, kommt sehr häufig in der Amun-Hymnologie der Ramessidenzeit vor: Amun ist demnach der »Eine, der sich in Millionen verwandelt«.[124]
Es gibt späte Texte, die Isis oder den Agathos Daimon, die Erscheinungsform des ägyptischen Schai, mit dem Ganzen gleichsetzen und die Richtung des ägyptischen Pantheismus erklären.[125]

22.3 Anthropomorphismus, Zoomorphismus, Kompositbilder

Angesichts der Überfülle von Bildern verfügen wir über Klassifizierungsinstrumente, mit deren Hilfe wir das Ganze ordnen können. Die Ägypter haben ihre Götter in Menschen-, Tier- oder Kompositgestalt dargestellt. Diese Mischungen finden wir auch in Mesopotamien und später in Indien. Es waren die Römer, nicht die Griechen, die sich von der ägyptischen Hybridisierung und von den Tiergöttern abgestoßen fühlten.[126]
Bevor wir die unterschiedlichen Gestalten untersuchen, die die Götter annehmen, werden wir uns der Prähistorie Ägyptens zuwenden. In dieser sind angeblich bestimmte Charakteristika fixiert worden, die dann während der folgenden Jahrtausende erhalten geblieben sind, auch wenn sie dabei einige Entwicklungen durchgemacht haben. Doch die Spärlichkeit der Quellen oder auch ihr Schweigen macht die Suche schwierig und die Interpretationen hypothetisch. Die menschlichen und die tierischen Darstellungen sind ungefähr gleichzeitig aufgetreten. Die frühesten, Bilder von aufgeschossenen bärtigen Personen, oft mit hervortretenden Augen, werden in die Naqadazeit datiert, allerdings werden ihre Herkunft und Echtheit oft angezweifelt.[127]

---

124 Vgl. ebd.
125 Vgl. ebd.
126 Vgl. ebd., S. 127.
127 Vgl. ebd.

Das ägyptische Bestiarium beginnt in der frühgeschichtlichen Periode mit Falken, Löwen, Gazellen, Fröschen und Affen. In Koptos sind riesige Kolossalstatuen, Abbilder des Min, ausgegraben worden, die zweifellos auf die frühesten Dynastien schließen lassen. Auch Horus, der Götterfalke, war bereits präsent. Von der zweiten Dynastie an treten rein menschliche Gestalten auf: die Bilder von Atum, Schu, Nut, Neith. Andere wiederum sind rein tierisch: die Stiere Apis und Mnevis, der Widder von Mendes. Und auch Hybridgestalten sind bereits vorhanden: Götter mit Menschenkörper und Seth-Kopf oder Falkenkopf.[128]
Einige Tiere wie die Giraffe oder der Elefant werden zwar im Katalog der Tierhieroglyphen verwendet, aber sie erscheinen nicht im Götterbestiarium. Genauso wenig wie das Pferd, das erst im zweiten Jahrtausend v. Chr. in Erscheinung tritt, eingeführt durch die Hyksos. Es wurde für den militärischen Aufbau Ägyptens benutzt, etwa mithilfe von Wagentruppen. Es waren Reschef, Anat und Astarte, die als in Ägypten eingeführte syropalästinensische Götter ab der 18. Dynastie als bestallte Herren des Pferdes fungierten.[129]

22.3.1 Anthropomorphismus

Die Gestalten der ägyptischen Götter gleichen vollkommen denen der Menschen, selbst wenn ihr Wesen ein anderes ist: »Fleisch aus Gold, Knochen aus Silber, unvergleichliche Größe«. Tatsächlich begegnet man allenfalls in der Figur des Bes oder seiner Vorgänger, wie etwa des Aha, einem missgestalteten, grimassierenden Zwergengott, dessen Absonderlichkeiten gänzlich mit seiner Abwehr- und Schutzfunktion zusammenhängen, die wiederum aus seiner furchterregenden Wirkung auf die bösen Geister resultiert. Man kann auch die Personifikation der Über-

---

128 Vgl. ebd., S. 128.
129 Vgl. ebd.

schwemmung, die dickleibigen Hapi, als Bilder der Fruchtbarkeit und Fülle anführen.[130]

Bei den männlichen Gottheiten zeigt sich die Diversität allenfalls in zwei Formen: zum einen die umwickelten Götter mit gebundenen Beinen, wie Osiris, Ptah und Min (Letzterer mit erigiertem Phallus), zum anderen die Götter mit freier Bewegung und mit freien Beinen. Es hat den Anschein, als wären die Ägypter sehr früh fixierten und in der Folge nur wenig weiterentwickelten Bildmustern treu geblieben. Man findet zum Beispiel bei der Kleidung im Alten Reich einen kurzen Schurz bei den Männern und bloße Füße. Die Mode der Bekleidung von Individuen variiert sehr, aber das hat auf die Götterbildkunst kaum Auswirkungen.[131]

Man findet etwa im Neuen Reich die Gestalt des Erretters Horus Sched, eines jungen, bewaffneten Mannes, der auf einem Wagen steht. Horus, Sohn der Isis, wird in weiterer Folge eine paradigmatische Gestalt. Das ist eine Entwicklung der personalisierten Frömmigkeit, die sich zu den mitleidvollen Göttern hinwendet. Man darf vermuten, dass die Fehlstelle ›Mädchen‹ mit der männlichen Vorherrschaft, der wichtigen Vater-Sohn-Beziehung zusammenhängt, die in der politischen Sukzession, aber auch im Totenkult präsent ist – zwei Bereiche, in denen die Frauen vernachlässigt wurden oder gar keine Rolle spielten. Die Kindgötter männlichen Geschlechts wurden auch nackt porträtiert. Auch manch andere Götter wurden nackt dargestellt, wie etwa Bes oder die männlichen Repräsentanten der Achtheit, die mit Kanidenköpfen versehen waren, diese Ausnahme steht möglicherweise in Beziehung zur urzeitlichen Welt.[132]

Die anthropomorphen Gestalten der ägyptischen Götter sind eindeutig menschlich und haben ein pat-Gesicht, ein ägyptisch-menschliches Gesicht. Die Ägypter betrachteten ihre Gottheiten als real, konnten sie jedoch nicht sehen. Deshalb evozierten sie die Menschheit für ihre eigenen religiösen Zwecke. Die Ägypter entwickelten eine taxonomische Vorstel-

---

130 Vgl. ebd., S. 129.
131 Vgl. ebd., S. 130.
132 Vgl. ebd.

lung von der Welt. In den Listen, die die Seinskategorien in unterschiedlichen Kontexten aufführen, begegnen wir Seite an Seite den Göttern, den Menschen, den achu oder Verklärten und den Toten. Die Trennung zwischen Göttern und Menschen ist in Ägypten nicht unbedingt strikt, die Kontinuität wird grundsätzlich nicht aufgelöst.[133]

22.3.2 Zoomorphismus

Die Göttergestalten können auch durch Tiere dargestellt werden, um so Assoziationen zu erklären: Der Falke repräsentiert den himmlischen Horus, den »Fernen«; das Krokodil, das in den Sümpfen haust, ist die gefährliche Macht, die dem Namen Sobek entspricht; der Schakal wird mit Anubis assoziiert, dem nächtlich Umherstreifenden, der für die Bestattungen verantwortlich ist; der Stier und der Widder sind aufgrund ihrer Zeugungsfähigkeit mit den Begattungsgöttern wie Min, Kamutef oder Banebdjedet verbunden; die Schlangen der chtonischen Welt werden zugleich segen- und unheilbringend erlebt.[134]
Es gibt eine weitere Assoziationsform: einen anthropomorphen Gott in Begleitung eines ihm zugeordneten Tiers, so etwa Amun und die Gans, qualifiziert als Gans des Amun. Manche Tiere werden ausgewählt, weil sie als lebende Inkarnation einer Göttergestalt gelten. Die ältesten sind die Stiere Apis in Memphis und Mnevis in Heliopolis. Beide überdauerten die gesamte ägyptische Geschichte. Später findet man die Widder des Chnum in Elephantine und die Krönung des aus einer Falknerei ausgesuchten Falken. Parallel zu dieser Praxis wurden Millionen von Tieren mumifiziert und bestattet, um sie als göttlich oder heilig zu betrachten. Darunter finden sich Spezies wie Ibisse, Falken, Katzen, Hunde oder Fische.[135]

---

133 Vgl. ebd., S. 130–131.
134 Vgl. ebd., S. 131.
135 Vgl. ebd., S. 132.

22.3.3 Kompositgestalten

Die Ägypter schufen Hybridwesen, in denen sie in einer einzigen Gestalt die verschiedenen möglichen Aspekte vereinten, in denen sich das Göttliche inkarnierte.
Objekte wurden zugleich frontal und im Profil gezeigt. Meist findet man Menschenkörper mit einem Tierhaupt oder umgekehrt – etwa den anthropomorphen falkenköpfigen Horus, den anthropomorphen Sobek mit Krokodilskopf, den ibisköpfigen Thot oder Anubis mit Schakalkopf. Das verblüffendste und älteste Beispiel ist das der Sphinx: Löwenkörper und Menschenkopf. Sie tritt in Giza im Alten Reich in Erscheinung, als obsiegendes Tier. Sehr wahrscheinlich stellt sie den Pharao Chephren dar. Die Sphinxen mit Menschengesicht repräsentierten zuerst die Könige. Erst zu Beginn des Neuen Reiches werden sie zur Gottesdarstellung.[136]
Bekannt ist auch die Verbindung eines Vogelkörpers mit Menschengestalt. Sie repräsentiert den Ba, das immaterielle Prinzip der Lebensenergie. Objekte wie der Djedpfeiler oder Kanopenkrüge sowie die Sonnenscheibe mit Strahlen können ebenso menschenähnlich gestaltet sein, um den Gott zu evozieren, an den sie gebunden sind. Übergänge sind immer möglich, und angesichts aller Dokumente scheint es unklug zu behaupten, es gebe Götter, die nur ein Bild besitzen. Das Alte Reich war sehr arm an Götterbildern, und die Frage nach den Ursprüngen der erschaffenden Demiurgen bleibt unbeantwortet.[137]

23 Wesen der Götter und körperliche Substanz

Die bildlichen Erscheinungsformen der Götter, wie Reliefs, Statuen und Amulette, sind für die Ägypter eben nur Bilder. Um die wirklichen Körper der Götter zu beschreiben, greifen sie zu Superlativen. Die Götter

---

136 Vgl. ebd., S. 132–133.
137 Vgl. ebd., S. 134–135.

sind größer als das, was man auf Erden antrifft. Ihr Körper besteht aus unvergänglichem Stoff. Ptah-Tatenen hat in dem ihm gewidmeten großen Hymnus aus der Ramessidenzeit die Füße auf der Erde und den Kopf im Himmel. Die Götter brüllen und donnern, wie etwa Seth, der mit dem Sturm in Verbindung steht. Der Körper dieser Götter repräsentiert einen Status der Vollkommenheit, den die Menschen wiederzugeben trachten. Dieser Körper ist außerdem mit Fähigkeiten begnadet, die ein Mensch niemals erlangen und sich nicht einmal vorstellen kann. Die Götter sind im gesamten Kosmos zugegen, und im Himmel manifestiert sich ihre vollkommene Mobilität. Die Menschen würden die Vollkommenheit ihrer Götter gern sehen, dabei wissen sie sehr wohl, dass sie nur ihre selbst erschaffenen Bilder sehen können.[138] So heißt es in Kapitel 200 des Leidener Hymnus: »Kein Gott kennt seine wahre Gestalt. Er ist zu geheimnisvoll, um seine Hoheit zu enthüllen.«[139]

23.1 Landschaftsgebundene göttliche Wesen

In den einzelnen Landesteilen sind seit frühester Zeit herausragende natürliche und gesellschaftliche Phänomene als Gottheiten verehrt worden. Als Fruchtbarkeitsgaranten werden lebende Stiere, genannt Apis in Memphis oder Mnevis in On, oder der Bock von Mendes am Heiligtum gehegt. Der widderartige Gott Chnum wurde dann im Zentralreich zum Bildner des königlichen Leibes und seiner Gestaltseele.[140]

23.2 Tiergestalt und Männlichkeit der Gottesmacht

Unter den Königsgöttern erscheint Horus entweder falkengestaltig oder mit Vogelantlitz auf einem männlichen Körper. In der Hieroglyphen-

---

138 Vgl. ebd., S. 136–138.
139 Vgl. ebd., S. 139.
140 Vgl. Koch, Klaus 1993, a.a.O., S. 107–108.

schrift wird der Raubvogel auf einer Tragestandarte zum Determinativ für männliche Gottheiten. Der stark theriomorphe Einschlag der Gottesauffassung hat nach dem Untergang der altägyptischen Zivilisation Befremdung und Ablehnung hervorgerufen. Einen rein zoolatrischen Kult hat es aber auch in der frühgeschichtlichen Zeit nie gegeben, denn in der Praxis wurden menschengestaltige oder als männlich konnotierte Götter verehrt, wie etwa Ptah in Memphis. Männlichkeit fanden die Ägypter in gefährlichen Raubtieren wie Löwe, Krokodil und Schlange symbolisiert, und in Wesen mit Eigenschaften, die menschliche Fähigkeiten übersteigen, wie Stier oder Falke.[141]

Vom dritten zum vierten vorchristlichen Jahrtausend treten männlich-menschliche Akzente der Gottesauffassung in den Vordergrund. Wissenschaftler deuten dies als Wende vom »Dynamismus zum Personalismus«.[142]

Nicht nur in Tieren, sondern auch in künstlich angefertigten Emblemen und Fetischen, wird die konzentrierte Anwesenheit göttlicher Mächte verehrt. Gottesstäbe, Sakralpfeiler und andere Kultgegenstände wurden von Pharaonen mit numinosen Kräften versehen.[143]

24 Von Gott geschaffen und von den Männern fortgepflanzt

Im alten Ägypten herrschte wohl eine monogenetische Vorstellung von Zeugung vor. Man findet zentrale Symbole der Fruchtbarkeit – das Feld und den Samen –, die auf den Körper übertragen werden und sich von dort über alle Ebenen der Gesellschaft ausbreiten. Die »seed-field theory of procreation« teilt die Welt in zwei Prinzipien: in das schöpfende / männliche und das nährende / weibliche. Der Mann zeugt demnach die

---

141 Vgl. ebd., S. 108–110.
142 Vgl. ebd., S. 110.
143 Vgl. ebd., S. 110–111.

Kinder (procreator) allein und wird zum Ebenbild Gottes (creator), die Frau nährt diese Kinder mit ihrem Blut und ihrer Milch.[144] Die Ehre des ägyptischen Königs wird an der Fähigkeit gemessen, die Zeugung seiner Kinder durch seinen Samen zu garantieren. Die Kontrolle der Ägypterinnen ist eine notwendige Folge dieser Vorstellungen der getrennten Prinzipien, die wiederum eine segregierte Welt nach sich ziehen. Die Frauen und das Land müssen von den Männern beschützt und behütet werden, damit kein falscher Samen eindringen kann. Das Geschlechterverhältnis in Ägypten begründet sich in diesen Prinzipien und ist komplementär (zeugend und nährend), aber asymmetrisch. Männer spenden das Leben, und Frauen gebären. Ägypten hatte wahrscheinlich eine patrilineare Deszendenzgruppe über drei Jahrtausende weitergegeben. Während die ägyptischen Männer ihre Wurzeln an ihre Söhne und Töchter weitergeben, können Frauen diese Zugehörigkeit lediglich für sich selbst beanspruchen.[145]

Die Legitimierung der Hierarchie zwischen den Geschlechtern Ägyptens erfolgt über die Sprache der Körper: Die Differenzen aufgrund der großen, exklusiv weiblichen Verunreinigungen sowie die monogenetischen Zeugungsvorstellungen schaffen und legitimieren männliche Dominanz und weibliche Inferiorität. Körper, wie sie in Ägypten dargestellt werden, zeugen von Differenzen zwischen den Geschlechtern, die in der Sprache der Fruchtbarkeit ausgedrückt werden. Die daraus folgende Notwendigkeit der Ungleichheit zwischen den Geschlechtern setzt sich in der Teilung des sozialen Raumes fort. Soziale und religionspsychologische Aspekte der Reinheit des männlichen Körpers enthüllen den ägyptischen Mann als Wesen Gottes, indem er Körpergrenzen überschreitet. Andeutungen in den Darstellungen auf fremde Einflüsse, Dämonen und Besessenheit weisen auf diese zentrale Bedeutung des Mannes hin.[146]

---

144 Vgl. Wohlfahrt, Ernestine / Zaumseil, Manfred (Hg.) 2006: Transkulturelle Psychiatrie – Interdisziplinäre Theorie und Praxis. Heidelberg: Springer Medizin, S. 303.
145 Vgl. ebd.
146 Vgl. ebd., S. 303–304.

25 Der Pharao als Sohn und Stellvertreter der Gestaltseele des Sonnengottes

Seit der vierten Dynastie wird der Pharao als der einzig irdische Sohn des Sonnengottes Re verehrt. Schon über ihren Geburtsnamen werden Prinzen gern mit Re verbunden, so etwa die späteren Pyramidenbauer Chefren und Mykerinos. Bei der Thronbesteigung wird dem Mann, der zum König wird, dann der Name »Sohn des Re« beigegeben. Die Gestaltseele des Re lebt so in der männlichen Erblinie weiter. Der König versteht sich genealogisch als Nachfahr des Sonnengottes, was zu mythischen Erzählungen über seine Zeugung führt. Die Seele des Re enthält seine starke männliche Gestalt und gewährleistet seine Ernährung.[147]
Auch die Ausstattung des Königs – Kleidung, Uräus auf dem Haupt, Kronen – gilt als Ausweis des Bezugs zu Re. Tritt er in der Öffentlichkeit auf, wird von einer ›Erscheinung‹, wie beim Sonnengott, geredet. Nach seinem Tod verschmilzt der König in seiner Pyramide mit dem Sonnengott, der ihn gemacht hat. Der Sonnensohn vermittelt den irdischen Wesen Kraft, wie es die Sonne im All tut. Nicht von ungefähr heißt die Residenz Memphis »Leben der beiden Länder«. Außerdem verkörpert der Sonnenkönig die vollkommene Schönheit der Gestaltseele (Ka) des Re. Sein Körper und seine Seele stellen ein Geflecht von männlichen Kraftfeldern dar, und vor anderen Wesen wird der König polymorph (menschlich und göttlich) gedacht.[148]

26 Entgrenzte Leiblichkeit des ägyptischen Mannes

In den abendländischen Sprachen wird der Körper als endlicher Ort einer Person angesehen, zugleich aber auch als geschlossener Organismus,

---

147 Vgl. Koch, Klaus 1993, a.a.O., S. 137 – 138.
148 Vgl. ebd., S. 139.

dem alle geistigen und seelischen Äußerungen innewohnen. Die ägyptische Relativierung der Sichtbarkeit führt dagegen zu einem anderen Leibesverständnis. Da die seelischen und geistigen Vermögen bis hin zur männlichen Bewegungsfähigkeit oder zum männlichen Machtanspruch nicht primär als innerpsychische Größen, sondern als gestalthaft-substantielle Außengrößen vorgestellt werden, werden umgekehrt der materielle Leib und seine Glieder als relativ selbständige Strahlungszentren verstanden, die mehr darstellen, als sich sinnlich wahrnehmen lässt. Der ägyptische Männerkörper gilt nicht als fest umrissener, einheitlicher Organismus, sondern als eine Konzentration sichtbarer und unsichtbarer Lebensäußerung. Der Ausdruck »chet« etwa meint vor allem den Bauch von Menschen und Tieren, aber auch von göttlichen Körperschaften, und trifft damit den Sitz der Affekte.[149]

Wegen der Austauschbarkeit der Seinsarten im ägyptischen Denken vermag der Leib des irdischen Herrschers wie ein Löwe oder Stier aufzutreten, auch wenn das für das gewöhnliche Menschenauge nicht wahrnehmbar ist. Kraft seiner Omnipotenz kann ein verklärter König zudem von sich behaupten, dass er in seinem Leibe die Leiber aller Götter vereinige (Pyr 1406.1461).[150]

Man spricht in Ägypten auch nur von den einzelnen Gliedern eines Körpers, die nach dem Tode in Kanopenkasten aufbewahrt werden. Zunge, Mund und Lippen sind wirksame Organe, und um die Sprechfähigkeit wiederzuerwecken, wird eigens eine Mundöffnung durchgeführt. Die Nase gilt als Aufnahmestelle für die Lebenskraft Anch, die sich durch den Atem in den Menschen hineinbegibt: »Atemluft ist in meiner Nase, Samen in meinem Phallos«, bekennt ein wohlversorgter Toter (Pyr 1061).[151] Das Auge bildet nicht nur die Kontaktstelle zu anderen Personen, sondern strahlt eigene Kräfte aus, die den Begegnenden mit Lust und Zuversicht oder mit Angst und Schrecken erfüllen. Bei Gottheiten ist die

---

149 Vgl. ebd., S. 182.
150 Vgl. ebd., S. 183.
151 Vgl. ebd.

Rolle der Augen natürlich noch größer, besonders das Horusauge und dessen Rückgewinnung und Genesung wird immer dargestellt. Das Herz gilt als das wichtigste Organ, als Zentrum des Menschen, für den Körper wie für Geist, für Seele und Willen sowie für die Verbindung zu Gott. Der weise Mann Ägyptens mahnt seine Schüler, dem eigenen Herzen zu folgen.[152]

Die unterschiedlichen Leibesformen des Königs werden nicht nur von seinen Strahlkräften und Seelenarten umgeben, sondern auch von zeitlichen Rahmensubstanzen. Die Zeit ist für den Ägypter eine real vorhandene unsichtbare Wirkgröße. Wörtlich bedeutet Zeit »sich aufrichten«.[153]

27 Männerdämmerung Ägyptens

Der ägyptische Mann war sehr introspektiv, aber auch solidarisch und freundschaftlich mit anderen Männern verbunden. Männliche Absolutsetzung finden wir vor allem in den höheren Machtzirkeln der Pharaonen und in der kontemplativen Götterwelt. Trotz alledem bleibt der ägyptische Mann einzigartig in der Geschichte der vorchristlichen Jahrtausende. Er wurde als selbstkritisch dargestellt, auf eine so elaborierte Weise, dass man heute noch anhand der Zeugnisse gerne zurückblickt. Eine männliche Selbstreflexion, die nicht mehr zu sehr ins Kriegerische kippte, war der Fortschritt der ägyptischen Zeit.[154]

Die Fortschrittlichkeit der ägyptischen Männer war durch zwei Parameter etabliert worden: Teilen und Herrschen. In einer über Jahrtausende betriebenen Befreiungsaktion wurde (mit)geteilt und mit(regiert).

---

152 Vgl. ebd.
153 Vgl. ebd., S. 184.
154 Vgl. Hollstein, Walter 1999: Männerdämmerung: Von Tätern, Opfern, Schurken und Helden. Göttingen: Vandenhoeck & Ruprecht (Sammlung Vandenhoeck), S. 7–9.

Man hatte Macht über die Welt und die Götter in der Konstruktion des Männerbildes aufgebaut. Um sich zu identifizieren, hat man den gesamten ägyptischen Herrschaftsraum genützt. Dieser Identifikationswille hatte für den Mann in Ägypten eine Männerrolle herausgearbeitet, die Leistung, Macht, Konkurrenz und Härte bedeutete. Leidensdruck und Fehlkonstruktionen wurden übergangen, eine holistische Männlichkeit wurde um jeden Preis angestrebt. Jeder Pharao revidierte die Leitlinien der männlichen Entwicklung, um noch breitere Fronten aufzubauen. Allerdings fand man in Ägypten nicht zu jeder Zeit einen Zentralstaat vor. Und man muss auch annehmen, dass der Großteil der Männer fremdbestimmt unter der Hegemonie des Pharaos Arbeit zu verrichten hatte. Die Arbeit der Männer Ägyptens führte aber zur weltweiten Strahlkraft dieser Kultur und dient noch immer den Zwecken einer Maskulinisierung der Welt.[155]

Die Dualität Mann/Frau wird für die Vorbereitung und für den Vollzug einer Erinnerungskultur instrumentalisiert, es wird klar zwischen beiden Geschlechtern getrennt, wobei der Mann die Gewalt über die Gesellschaft und die Arbeit hatte. Machtakkumulation wurde über den ›Körper‹ identifiziert und umfasst die Person in einer inneren Ohnmacht und einer äußeren Vollmacht. Ziellos und wahllos wurde der ägyptische Männerkörper transzendiert.

Neben den Bildern und Bauwerken sind Protokolle und ein breites Spektrum an Literatur zu entdecken, was allerdings wohl fehlt, ist Wissenschaft im modernen Sinn. Die Männer Ägyptens hatten eher spirituelle Wertvorstellungen und wendeten ihr Wissen gleich an, ohne Wissenschaft zentral zu organisieren. Ohne eine zentrale Wissenschaftsordnung fehlt auch der Grundstein für ein klares Zielbekenntnis der Geschlechter. Mann und Frau waren nun »Opfer und Täter sowie Schurken und Helden« bis in die spätere Zeitenwende. Es fehlte der zentrale ›wahre‹ Grundton der Geschlechter, der erst mit der Entschlüsselung der Hiero-

---

155 Vgl. ebd., S. 11–23.

glyphen langsam zurechtgerückt wurde. Der ägyptische Mann legte auf sein eigenes Mysterium besonderen Wert, die Götterschönheit wurde solchermaßen übertrieben, dass eine zentrale Wissenschaftsordnung auf der Strecke blieb. Dieser intrinsische Fehler war wohl eine der Ursachen für den Untergang dieses Landes.[156]

28 Der erforschte Mythos ›Mann‹ in Ägypten

Entnehmen lässt sich den ägyptischen Zeitzeugnissen eine gewisse Form von Seelenbeichte. Es war klar, dass der ägyptische Mann sich zum Mannsein bekannt hat und sich über Texte und Objekte mit dem Göttlichen verschworen hat. Das Reiz- und Reaktionsmuster der männlichen Göttlichkeit zeigt sich mythologisch und archetypisch und lässt Außenstehende vor Neid erblassen. Männerphantasien lassen in Ägypten Jahrtausende vor unserer Zeit Bewunderung aufkommen. Instabilitäten der ägyptischen Männlichkeit werden gerade über das Gottesbild transzendiert. Es ist dieser Dualismus, der zeigt, dass der männliche Körper wegen der ödipalen Negation der Weiblichkeit seine phallische Macht und Potenz immer wieder aufs Neue hochgetrieben hat.[157]

Geschlechtlich codiertes Verhalten ist ebenso in der zwiespältigen Historiographie der ägyptischen Kultur verankert wie die Ordnung derselben. Ägypten zeigt sowohl sichtbar wie unsichtbar den Weg der Männlichkeit seiner Kultur über Jahrtausende hin auf. Die Konstellation der mythologisch orientierten Männlichkeit zeigt in dieser Kultur jedoch statt immer gleicher Strukturen und Imaginationen ein sich stetig wandelndes Muster, weil der Mythos die Bilder- und Phantasieproduktion immer neu und ganz verschiedenartig angeregt hat. Was anderen Kulturen oft

---

156 Vgl. ebd., S. 24–35.
157 Vgl. Erhart, Walter/Herrmann, Britta (Hg.) 1997: Wann ist der Mann ein Mann? Zur Geschichte der Männlichkeit. Stuttgart: J.B. Metzler, S. 3–13.

verborgen blieb, demonstriert Ägypten in einer immer wiederkehrenden Konstruktion des Charakters von Männlichkeit.[158] Männer mussten zum Männlichsein animiert werden, Selbstbeherrschung und Disziplin lernen. Männlichkeitsideologien zwingen Männer, sich bei Strafe des Identitätsverlustes erwartungsgemäß zu benehmen, eine Drohung, die gefährlicher und schlimmer ist als der Tod. Wenn es keine formellen Zwänge zur Männlichkeit von außen gibt, müssen verinnerlichte Normen im Interesse der Funktionsfähigkeit ganz Ägyptens regulativ wirken. Wir scheinen in Ägypten einem Kontinuum von Männlichkeitsbildern und Männlichkeitssystemen zu begegnen, einer gleitenden Skala oder einem schillernden Spektrum. Solange es Kämpfe zu bestreiten, Kriege zu gewinnen, harte Arbeit zu leisten gilt, so lange werden einige von uns demnach ›wie Männer handeln‹ müssen. Aber nicht nur Aggressivität, sondern auch mythologische Selbstbehauptung und Ideologie wirken männlichkeitszentralisierend.[159]

Vielleicht können wir in Ägypten von einem sowohl universalen wie allgegenwärtigen Mann sprechen. Die Genialität der ägyptischen Kultur liegt darin, dass sie individuelle Männlichkeitsziele mit Gruppenzielen versöhnt. Genau in diesem Punkt konnte sich Ägypten Synergieeffekten bedienen. Ägyptens Kultur leistete darin wohl viel mehr als alle anderen vergleichbaren blühenden Kulturen der damaligen Welt.[160]

29 Homo'usie und altägyptische Gottheiten

In der Antike kommt es zum Gottesbruch. Jetzt wird der Kyrios Jesus Christus und der eine Schöpfergott zum unbestrittenen Zentrum von

---

158 Vgl. ebd., S. 13–21.
159 Vgl. Gilmore, David G. 1991: Mythos Mann. Rollen, Rituale, Leitbilder. München: Artemis & Winkler, S. 242–254.
160 Vgl. ebd., S. 246–248.

Kult und Religion. Der Kulturbruch mit der altägyptischen Religion vollzieht sich in einem Bildersturm, wie er in solcher Heftigkeit sonst bei der Christianisierung des Mittelmeerraumes nicht zu belegen ist. Der Offenbarungsgott Thot wird jetzt Hermes genannt, der Sonnengott Zeus oder Apollon. Nach langem Streit zwischen westlichen und östlichen Theologen einigt man sich schließlich auf die Formel einer Homo'usie, einer Wesenseinheit zwischen Schöpfergott und Christus. Somit wird ein Mensch unmittelbar in die göttliche Sphäre eingerückt. Die Homo'usie von Gott-Vater und Gott-Sohn entstammt direkt der ägyptischen Sphäre und ist als Glaubensvorstellung bis zum heutigen Tage präsent. Die göttliche Unantastbarkeit dieses Modells zeigt den intrinsischen Geist der Ägypter und ihrer Gottesvorstellungen. Ägyptens Beharren auf eine Unsterblichkeit Gottes ist eine Parallele zur Vorstellung von der ewigen Männlichkeit Gottes.[161]

Die Homo'usie, die auf Ägyptens Zeitalter folgt, beendete Jahrtausende der Sklaverei. Es ist eine Tatsache, dass der schillernde Gottesanspruch der ägyptischen Herrscher nur mit Sklaverei möglich geworden ist. Das männliche Lebensgewebe Gott-Vater ist ein schicksalhafter Neubeginn auch für das gesamte Abendland. Der Zwang zum Mannsein bringt den Gottvater immer wieder vor Gericht, und es sind gerade die spezifischen Quellen der ägyptischen Kultur, die diesen Schmerz und den Verlust lebendig gemacht haben. Besonders beim alten Ägypten ist davon auszugehen, dass diese besonderen, männlichen Gottheiten nicht nur Begriffe sind, sondern Wirkereignisse. Dieses ›Tremendum‹ zeigt, dass wir uns heute in eine spezielle Spiegelkommunikation mit der alten ägyptischen Kultur einlassen können.[162]

---

161 Vgl. Koch, Klaus 1993, a.a.O., S. 625–633.
162 Vgl. Wittschier, Sturmius 1994: Männer spielen Mann – Dramen mit Gott und Vater. Salzburg, München: Anton Pustet, S. 5, 91, 136.

30 Menschengestaltigkeit Gottes und Bilder in Ägypten

Der jagende Pharao[163] ist oft auf farbenprächtigen und gegenstandsreichen Bildern dargestellt. Auch wenn klar ist, dass der Pharao deshalb als die größte Figur dargestellt ist, weil er die mit der größten Bedeutung ist, so bleibt die Körperwiedergabe doch den nun schon bekannten Prinzipien verpflichtet: Oberkörper in Frontalansicht, Kopf in Seitenansicht, Augen in Frontalansicht.[164]
Multiperspektivität prägt diese Bilder, und sie wurden mit hoher Sorgfalt ausgeführt. Ebenso zu sehen ist hier interessanterweise ein Bild eines Schreibers und eines Hausherrn mit Frau und Sohn.[165]
Alles, was fehlt, wurde nicht aus mangelnder Sorgfalt, sondern aus durchaus unbewussten bildkonzeptionellen Gründen weggelassen. Auf fast allen Abbildungen und Personenbilddarstellungen sind so gut wie keine individuellen Züge der Personen zu erkennen. Das betrifft sowohl die Wiedergabe der Gesichter wie auch die Körperphysiognomie.[166]
Diese kunstwerkhaften Bilder Ägyptens zeigen wesentlich mehr Körperdetails – Fingernägel und Muskelpartien sind zuweilen angedeutet. Andererseits fehlen etliche Details wie Körperbehaarung, sichtbare individuelle Hautmerkmale, Alters- und Körperzustandsmerkmale. Von naturalistischen Abbildungen sind die Bilder allesamt weit entfernt.[167]
Bei der Darstellung eines ägyptischen Ehepaares[168] ist anhand der Schrittstellung zu erkennen, dass es sich um ein lebendes Ehepaar handelt. Auffällig sind im ägyptischen Bild die dargestellten Füße. Entscheidend ist nicht, wie eine Figur erscheint, sondern wie sie gedacht wird. Beide

---

163 Abb.: Pharao auf dem Streitwagen. In: Wagner, Andreas (2010): Gottes Körper – Zur alttestamentlichen Vorstellung der Menschengestaltigkeit Gottes. Gütersloh: Gütersloher Verlagshaus, S. 68.
164 Vgl. ebd., S. 69.
165 Abb.: Schreiber und Hausherr. In: Wagner, Andreas (2010), a.a.O., S. 68.
166 Vgl. ebd., S. 70–71.
167 Vgl. ebd., S. 71.
168 Abb.: ägyptisches Ehepaar. In: Ebd., S. 78.

Hände sind gleichartig an einer Handlung beteiligt. Aus diesen Prinzipien heraus erklärt sich auch die starke Konventionalität der Bilddarstellungen.[169]

Eine einfache Gleichsetzung von Gott und Mensch gab es in Ägypten nicht. Geschlechtliche Festlegungen und Leistungsfähigkeitsunterschiede wurden bildhaft thematisiert. Mischgestaltigkeit und Gottesformation machen diese Kultur sehr schwer zugänglich. Männliche wie weibliche Attribute werden anhand der Menschenähnlichkeit und Menschennähe Gottes im Gleichgewicht gehalten.[170]

31 Die religiöse Gottesgestalt

Ein weites Bekanntmachen des Wesens, das Gott repräsentiert, ist in Ägypten sicherlich maßgeblich betrieben worden. Es ist allerdings schwierig, diese deduktiven Kräfte und Spekulationen wissenschaftlich zu firmieren. Einsichten in dieses Forschungsfeld sind am positiven Gehalt der religionshistorischen Feststellungen sowie am Geschlecht der Impulsversuche gezeigt worden. Die ägyptische Gottesgestalt ist außerhalb ihrer Zivilisation wohl im Nachhinein nicht mehr zusammenhängend erklärbar. In Ägypten führte man wohl einen Dualismus zwischen Pharao und Gott ein, um die Gottesgestalt aufzubauen.[171]

Ohne so ein einfaches Konzept wären die ägyptischen Götter und ihre Geschichten wohl unverständlich überliefert worden. Die Feindschaft zwischen den Göttern im Himmel war wahrscheinlich im Geschlechtsdiskurs verhaftet. Genau diese Feindschaft führt die göttlichen Wesen auf die Erde, um dort Frieden zu stiften. Die Erhöhung des männlichen

---

169 Vgl. ebd., S. 78 – 79.
170 Vgl. ebd., S. 187 – 188.
171 Vgl. Biezais, Haralds 1961: Die Gottesgestalt der lettischen Volksreligion Stockholm, Göteborg, Uppsala: Almqvist & Wiksell, S. 7 – 12.

Geistes ist ob der Zahl der männlichen Gottheiten keine Spekulation mehr, sondern tragische Gewissheit, die in Kriegen ihr katastrophales Ergebnis findet.[172]
Alle diese Himmelwesen sind personifiziert und schematisch organisiert worden. Allerdings ist ungeklärt, wie die Himmelswesen außerhalb von Sprache und Kunst tatsächlich verehrt worden sind. Diese unerklärte Mythologie ist zu spannend, um sie unerwähnt zu lassen.[173]
Es ist nicht zu erwarten, dass die ägyptischen Gottheiten hinter der Mythologie verschwinden werden. Aus diesem Grund wurden sie massiv eingesetzt, um ihre Existenz zu sichern. Die Frage ist nun, ob und wie sehr uns diese ägyptischen Götter vor einem Unheil bewahren können und konnten.[174]

32 Die wichtigsten Götter des Alten Ägypten

siehe Abbildung 16: Die wichtigsten 48 Gottheiten des Alten Ägypten [175]

48 Gottheiten Ägyptens: [176]

1. Amun, »der Verborgene«, war seit dem Mittleren Reich die überragende Gottesgestalt, sein Haupttheiligtum war der Tempel von Karnak. Nachdem er während der Regierung Echnatons besonders verfemt worden war, erreichte er nach der Restauration des alten Glaubens nicht mehr die einstige Größe. Mit dem Sonnengott Re wurde

---

172 Vgl. ebd., S. 13–45.
173 Vgl. ebd., S. 46–57.
174 Vgl. ebd., S. 58–65.
175 Abb. in: Schlögl, Hermann A. 2006, a.a.O., S. 38–39.
176 Vgl. ebd., S. 40–42.

er zu Amun-Re verbunden. Er erscheint in der Regel in Menschengestalt mit hoher Federkrone, zuweilen auch in Tiergestalt als Widder.
2. Anubis, »das Hündchen«, ist als Herr der Nekropole für die Einbalsamierung der Toten zuständig. Er wird zumeist als schwarzer Schakal oder in Menschengestalt mit Schakalkopf abgebildet.
3. Anukis (weiblich).
4. Apis, hier nicht als Stier, sondern als Mann mit Stierkopf, die Sonnenscheibe zwischen den Hörnern, dargestellt.
5. Atum, »der Undifferenzierte«, ist der Urgott, Schöpfer der Welt und Urvater der »Neunheit« von Heliopolis. Auch als abendliche Erscheinungsform des Sonnengottes wurde er verehrt. Er wird meist in Menschengestalt mit einer Doppelkrone auf dem Kopf abgebildet.
6. Bes ist eine Gottheit in Zwergengestalt mit Fratzengesicht und Löwenmähne, die auf dem Kopf häufig eine Federkrone trägt. Bes hatte die Macht, Unheil abzuwehren.
7. Chepri, »der Entstehende«, ist die morgendliche Erscheinungsform der Sonne, die meist als Skarabäus oder in Menschengestalt mit einem Skarabäus als Kopf wiedergegeben wird.
8. Chnum, der widderköpfige Schöpfergott, wurde im Gebiet der Katarakte von Elephantine besonders verehrt. Er soll die Menschen auf einer Töpferscheibe geschaffen haben.
9. Chons, »der Wanderer«. Der Mondgott in menschlicher Gestalt galt als Sohn des Amun und der Mut. Er bildete in Theben mit seinen Eltern eine Göttertriade.
10. Geb, Gott der Erde, tritt als hoher Richter auf, ist »Erbfürst« und »Vater« der Götter. Er wird in Menschengestalt dargestellt, oft mit seinem Schriftzeichen »Gans« auf dem Kopf.
11. Hapi, »Nilüberschwemmung«, ist die personifizierte fruchtbare Kraft des Nils. Er wird als fetter Mann, der Gaben bringt, dargestellt.
12. Harpokrates, »Horus, das Kind«.
13. Hathor, »Haus des Horus«, ist die vielschichtigste weibliche Gottheit des ägyptischen Pantheons.
14. Siehe oben.

15. Siehe oben.
16. Horus, »der Ferne«, Himmels- und Königsgott, in dessen Wesen viele falkengestaltige Gottheiten aufgegangen sind. Als Sohn der Isis und des Osiris ist er der vorbildliche Sohn, der seinen Vater schützt. Als Harachte (»horizontischer Horus«) verkörpert er die Taggestalt der Sonne.
17. Die »Horussöhne« Amset (17), Duamutef (18), Hapi (19), und Kebehsenuef (20). Die vier Götter sind Helfer des Osiris und Schutzgottheiten des Toten und seiner Eingeweide, wobei der menschenköpfige Amset die Leber, der falkenköpfige Kebehsenuef die Unterleibsorgane, der paviansköpfige Hapi die Lungen und der schakalköpfige Duamutef den Magen behütet.
18. Siehe oben.
19. Siehe oben.
20. Siehe oben.
21. Isis (weiblich).
22. Maat (weiblich).
23. Menhit, »die Schlächterin«, Gottheit des Kampfes.
24. Meret (weiblich).
25. Month, »der Wilde«. Der Kampf- und Kriegsgott wird meist als Mann mit Falkenkopf dargestellt, der als Kopfschmuck die Sonnenscheibe mit zwei Federn trägt.
26. Mut (weiblich).
27. Nefertem, »der vollkommen Schöne«, ist die Personifikation des Urlotus. Er wird meist in Menschengestalt mit der Lotusblume auf dem Kopf dargestellt, erscheint aber auch als Lotus. In Memphis bildete er seit dem Neuen Reich zusammen mit Ptah und Sachmet eine Triade.
28. Neith (weiblich).
29. Nephthys (weiblich).
30. Siehe oben.
31. Nut (weiblich).
32. Osiris wird nach Plutarch von seinem feindlichen Bruder Seth er-

mordet. Seine Schwester und Gemahlin Isis sammelt die Teile der zerstückelten Leiche und belebt sie wieder. So siegt Osiris über seinen Widersacher Seth und wird Herrscher im Totenreich und Richter beim Totengericht. Sterben und Auferstehen des Gottes wurden auch in Beziehung zum Rhythmus der Natur gesetzt. Er wird in der Regel in Menschengesalt und mit ungegliedertem Körper dargestellt. Seine Attribute sind Krummstab und Geißel.

33. Osiris als Djedpfeiler, der als Wirbelsäule des Gottes gedeutet wurde. Das Aufrichten des Pfeilers symbolisierte den Sieg des Osiris über seinen Widersacher Seth. Der Djedpfeiler, der »Dauer« bedeutet, wurde ein häufig verwendetes Amulett.
34. Ptah, der Schutzherr der Handwerker und Schöpfergott, der die Welt durch das Wort erschaffen haben soll, gehört zu den großen Göttern Ägyptens. Er wird in Menschengestalt mit ungegliedertem Körper und einer eng anliegenden Kappe auf dem Kopf dargestellt.
35. Ptah-Sokar, Verbindung von Ptah und Sokar.
36. Re-Harachte, der Sonnengott Re in seiner Taggestalt.
37. Renenutet (weiblich).
38. Sachmet (weiblich).
39. Satet (weiblich).
40. Selkis (weiblich).
41. Seschat, Göttin der Schrift und Wissenschaft, trägt ein Symbol, dessen Bedeutung bis heute unklar ist, auf dem Haupt.
42. Seth, ein gewalttätiger Gott, ist der Herr der Wüste und des Auslands. In der Mythologie wird er zum Mörder seines Bruders Osiris. In der Spätzeit verkörpert er das Böse an sich. Er wird als Fabeltier oder als Mensch mit dem Kopf des Seth-Tiers, das sich zoologisch nicht identifizieren lässt, dargestellt.
43. Sobek, Herr der Gewässer, tritt meist als Mann mit einem Krokodilkopf auf. In der Oase Fayum wurde sein Kult besonders gepflegt.
44. Sokar wurde schon früh mit Ptah und Osiris verbunden und in Memphis als Handwerks- und Totengott verehrt. Er wird als Falke mit ungegliedertem Leib oder in Menschengestalt mit Falkenkopf dargestellt.

45. Thoeris (weiblich).
46. Thot, Gott der Schreibkunst und Aktuar der Götter, wird in Gestalt eines Pavians oder eines Ibis dargestellt. Da er in enger Beziehung zum Mond steht, sind seine Scheitelattribute häufig Mondscheibe und Mondsichel.
47. Uto (auch: Wadjet; weiblich).
48. Werethekau (weiblich).

33 Zusammenfassung

Die Gottesgestalten Ägyptens sind meist männlich-polymorph zu denken, was sowohl sprachlich wie auch bildhaft in dieser Arbeit bewiesen werden konnte. Die weiche ›Verbrüderung‹ Ägyptens ist allerdings nur ein Mythos, denn der Mann war Träger des gesamten Kultur- und Machtapparates dieser Gesellschaft. Die Ägypter haben ihre Götter verschmolzen und wieder getrennt, um sie so wandlungsfähig zu halten. Die ägyptischen Männer bauten eine religionsimmanente genderspezifische Kultur auf, um nach innen und außen ›Göttliches‹ zu repräsentieren. Die völlige Unvorhersehbarkeit der geschlechtlichen und familiären Prozesse kann in einer diachron erlebbaren und diachron erforschbaren Gestalt münden. Besonders den phallischen und ithyphallischen Darstellungen schreibt man apotropäische Bedeutung der Männlichkeit zu. Religiöse Codierungen wurden vom Vater auf den Sohn übertragen, um so die Gender-Informationen mit der Ausgestaltung der Götter zu vereinen. Sexualität der Götter und Könige ist asymmetrisch nachgewiesen worden und Homoerotizismus ist in Ägyptens Fall als ›ethisch‹ zu verstehen. Körpererfahrungen wurden über Ikonographien in Gräbern und Reliquien festgehalten, um zu zeigen, dass der Respekt vor den Göttern über die Achsen der Heiligtümer rechtens ist.
Um die wirklichen Körper und Gestalten der Götter zu beschreiben, griffen die Ägypter auf Superlative zurück. In ihrer Vollkommenheit ist aber

auch das ›Geschlecht‹ zentraler Bestandteil des Diskurses. Die männlichen Strahlkräfte der dargestellten Zeugnisse lassen vor allem den Faktor ›Zeit‹ in einem besonderen Licht erscheinen. In der ägyptischen Sprache bedeutet Zeit ›sich aufrichten‹ für und mit der Gottheit, was auch als wissenschaftlicher Marker dieser Erinnerungskultur zu werten ist.

1. Die vorliegende Arbeit bietet eine Reflexion über die faszinierende Gottesauffassung Ägyptens. Wissenschaftliche Erkenntnisse demonstrieren eine machtvolle Inkorporation von Herrschaft und Männlichkeit des ägyptischen Gotteskultes. Um diesen Thesen nachzugehen, betrachtet die Arbeit zahlreiche schriftliche und archäologische Zeugnisse, zeigt Bilder von Göttern, Männern und Frauen, von Vaterschaft und Fruchtbarkeit.
2. In einer archaischen Welt der Götterverehrung, die von Männern dominiert war und die das Wesen des Mannes als Norm ansah, tauchen immer wieder Grenzverschiebungen auf, die unseren modernen religionstheoretischen Auffassungen von ›Sexualität‹ und ›Gender‹ in einer strukturellen und auch bedeutungserweiternden Art nahekommen.

34 Abbildungsverzeichnis

Abb. 1: Min: Montet, Pierre 1885 – 1966, S. 422 und S. 339.
Abb. 2: Hetepdief: Schlögl, Hermann A. 2006, S. 74.
Abb. 3: Geschlechtlich undefinierte Begräbnismaske: Wilkinson, Toby 2007, S. 207.
Abb. 4: Osirismumie mit erigiertem Phallus: Seipel, Wilfried 2015, S. 308.
Abb. 5: Amulette aus der Mumienwicklung der Osirismumie: Seipel, Wilfried 2015, S. 310.
Abb. 6: Teil eines Miniatursarges: Seipel, Wilfried 2015, S. 310.
Abb. 7: Kanopenkasten: Seipel, Wilfried 2015, S. 311.
Abb. 8: Ausschnitt einer Darstellung mit dem ithyphallischen Gott Min: Gassner, Jutta 1993, S. 69.
Abb. 9: Amulette mit Phallusdarstellungen: Gassner, Jutta 1993, nach S. 232, Fotos.
Abb. 10: Alexander der Große mit Trankopfer: Clayton, Peter 1994, S. 207.
Abb. 11: Deir el-Medina: Wilkinson, Toby 2007, S. 169.
Abb. 12: Faience phallic amulet from Karanis: Wilkinson, Toby 2007, S. 213.
Abb. 13: Pharao auf dem Streitwagen: Wagner, Andreas 2010, S. 68.
Abb. 14: Schreiber und Hausherr: Wagner, Andreas 2010, S. 68.
Abb. 15: Ägyptisches Ehepaar: Wagner, Andreas 2010, S. 78.
Abb. 16: Götterabbildungstafel – 48 Götter: Schlögl, Herrmann A. 2006, S. 38 – 39.

35 Literaturverzeichnis

Assmann, Jan 1984: Ägypten: Theologie und Frömmigkeit einer frühen Hochkultur. Stuttgart: Kohlhammer / Urban Taschenbücher 366.
Assmann, Jan 1991: Stein und Zeit – Mensch und Gesellschaft im alten Ägypten. München: Fink.
Badinter, Elisabeth 1986: Ich bin Du. Die neue Beziehung zwischen Mann und Frau oder Die androgyne Revolution. München: Piper.

Becker, Ruth/Kortendiek, Beate 2010: Handbuch Frauen- und Geschlechterforschung. Wiesbaden: Verlag für Sozialwissenschaften/Springer Fachmedien.

Biezais, Haralds 1961: Die Gottesgestalt der lettischen Volksreligion. Stockholm, Göteborg, Uppsala: Almqvist & Wiksell.

Clayton, Peter A. 1994: Die Pharaonen – Herrscher und Dynastien im Alten Ägypten. Eltville: Bechtermünz.

Davis, Whitney 2006: Auszug aus: Schwulen- und Lesbenforschung und Queer Theory in der Kunstgeschichte. In: Zimmermann, Anja (Hg.): Kunstgeschichte und Gender – Eine Einführung. Berlin: Reimer, S. 53–61.

Erhart, Walter/Herrmann, Britta (Hg.) 1997: Wann ist der Mann ein Mann? Zur Geschichte der Männlichkeit. Stuttgart: J.B. Metzler.

Gassner, Jutta 1993: Phallos – Fruchtbarkeitssymbol oder Abwehrzauber? Ein ethnologischer Beitrag zu humanethologischen Überlegungen der apotropäischen Bedeutung phallischer und ithyphallischer Darstellungen. Wien, Köln, Weimar: Böhlau.

Gilmore, David G. 1991: Mythos Mann. Rollen, Rituale, Leitbilder. München: Artemis & Winkler.

Hollstein, Walter 1999: Männerdämmerung: Von Tätern, Opfern, Schurken und Helden. Göttingen: Vandenhoeck & Ruprecht (Sammlung Vandenhoeck).

Koch, Klaus 1993: Geschichte der ägyptischen Religion – Von den Pyramiden bis zu den Mysterien der Isis. Stuttgart: Kohlhammer.

Montet, Pierre 1982: Ägypten: Leben und Kultur in der Ramses-Zeit. Neu hg. v. Rudolf Scheer. Übers. v. Wilhelm Hein. 2. Aufl. Stuttgart: Reclam.

Neumann, Eckhard 1980: Herrschafts- und Sexualsymbolik; Grundlagen einer alternativen Symbolforschung. Stuttgart: Kohlhammer.

Parkinson, R.B. 1995: Homosexual desire and Middle Kingdom Literature, Journal of Egyptian Archeology 81: S. 57–76.

Schade, Sigrid 2006: Körper und Körpertheorien in der Kunstgeschichte. In: Zimmermann, Anja (Hg.) 2006: Kunstgeschichte und Gender – Eine Einführung. Berlin: Reimer, S. 61–72.

Schlögl, Hermann A. 2006: Das alte Ägypten – Geschichte und Kultur von der Frühzeit bis zu Kleopatra. Stuttgart: C.H. Beck.

Schwarz, Frank / Maier, Christian 2001: Psychotherapie der Psychosen. Stuttgart: Thieme.

Seipel, Wilfried 2015: Ägypten – Die letzten Pharaonen: Von Alexander dem Großen bis Kleopatra. Leoben: Kunsthalle Leoben.

Sieverding, Monika / Alfermann, Dorothee 1992: Instrumentelles (maskulines) und expressives (feminines) Selbstkonzept: ihre Bedeutung für die Geschlechtsrollenforschung. In: Zeitschrift für Sozialpsychologie, H. 1, S. 6 – 15.

Wagner, Andreas 2010: Gottes Körper – Zur alttestamentlichen Vorstellung der Menschengestaltigkeit Gottes. Gütersloh: Gütersloher Verlagshaus.

Wilkinson, Toby (Hg.) 2007: The Egyptian World. London, New York: Routledge.

Wittschier, Sturmius 1994: Männer spielen Mann – Dramen mit Gott und Vater. Salzburg, München: Anton Pustet.

Wohlfahrt, Ernestine / Zaumseil, Manfred (Hg.) 2006: Transkulturelle Psychiatrie – Interdisziplinäre Theorie und Praxis. Heidelberg: Springer Medizin.

Zimmermann, Anja (Hg.) 2006: Kunstgeschichte und Gender – Eine Einführung. Berlin: Reimer.

Zivie-Coche, Christiane / Dunand, Francoise 2013: Die Religionen des alten Ägypten. Stuttgart: Kohlhammer.

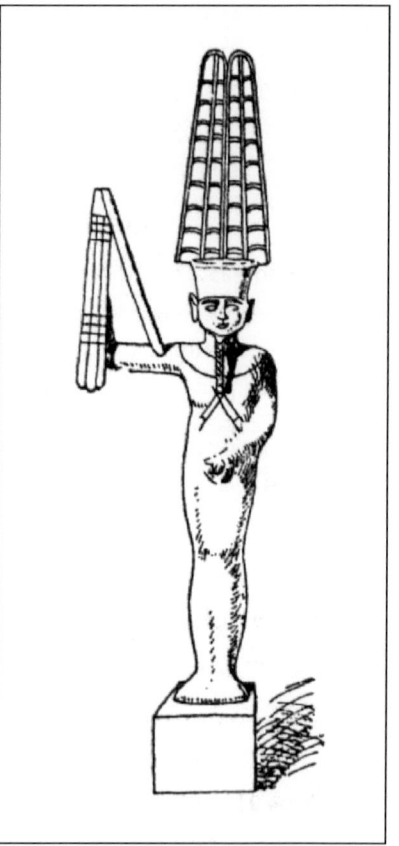

Abb 1: Min

Abbildungen

Die Statue dieses knienden Priesters namens Hetepdief, die 1888 in Mitrrahine (Memphis) gefunden wurde, ist ein frühes Beispiel für die Privatplastik des Alten Reiches. Auf dem Rücken sind in Schulterhöhe die Namen der drei ersten Könige der 2. Dynastie eingraviert: Hetepsechemui, Nebre und Ninetjer. Vermutlich war Hetepdief für den Totenkult der genannten Könige zuständig. Er selbst lebte am Ende der 2. oder zu Beginn der 3. Dynastie. Roter Granit, Höhe 39 cm, um 2600 v. Chr., Museum Kairo.

Abb. 2: Hetepdief

Abb. 3: Geschlechtlich undefinierte Begräbnismaske

Abbildungen

Abb. 4: Osirismumie mit erigiertem Phallus

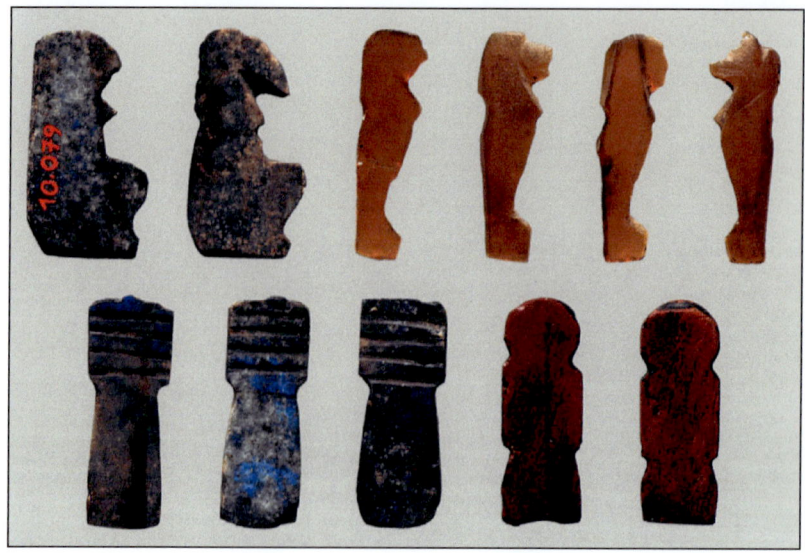

Abb. 5: Amulette aus der Mumienwicklung der Osirismumie

Abb. 6: Teil eines Miniatursarges

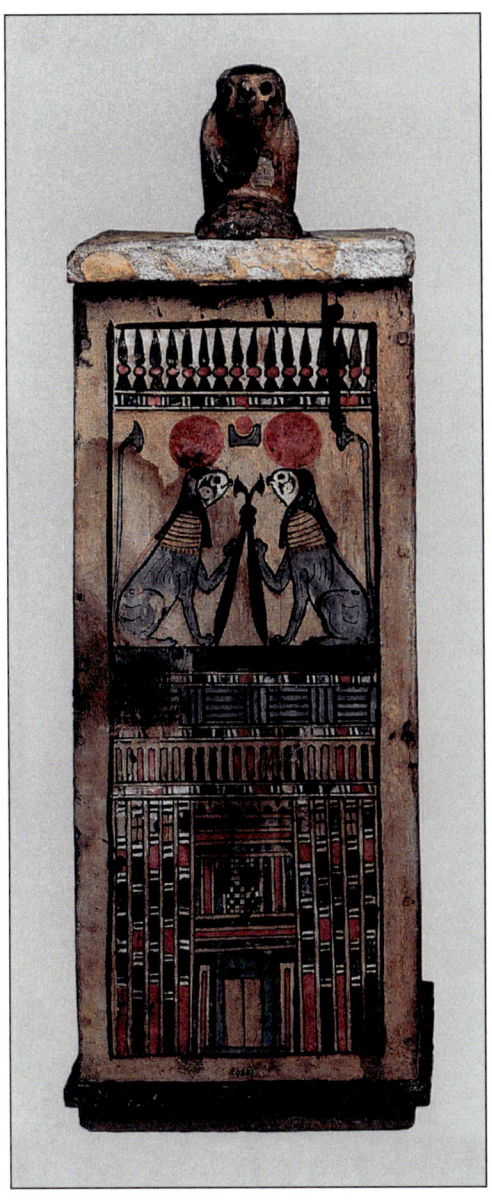

Abb. 7: Kanopenkasten

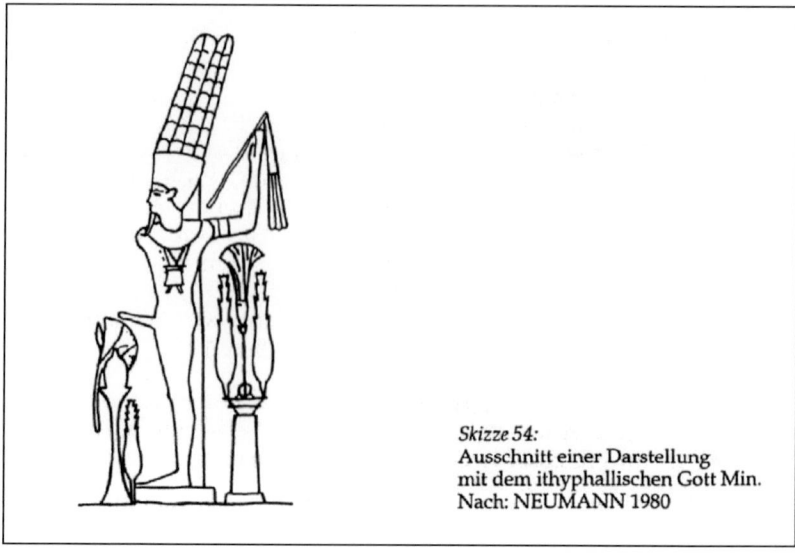

Abb. 8: Ausschnitt einer Darstellung mit dem ithyphallischen Gott Min

Abbildungen

Abb. 3: Amulett mit phallischem Abwehrsymbol, Kairo, Ägypten (Sammlung WINKLER)

Abb. 4: Amulett mit symbolisierter Phallosdarstellung, Kairo, Ägypten, rezent (Sammlung WINKLER)

Abb. 9: Amulette mit Phallusdarstellungen

Abb. 10: Alexander der Große mit Trankopfer

Abbildungen

Figure 12.3   The village of Deir el-Medina (photo K. Cooney).

Abb. 11: Deir el-Medina

Figure 15.2 Faience phallic amulet from Karanis, University of Michigan excavations 1933, first–third centuries AD (Kelsey Museum of Archaeology, University of Michigan KM 24160). Reproduction approximately three times actual size.

Abb. 12: Faience phallic amulet from Karanis

Abbildungen

Abb. 18: Pharao auf dem Streitwagen

Abb. 13: Pharao auf dem Streitwagen

Abb. 19: Schreiber   Abb. 20: Der Hausherr mit Frau und Sohn

Abb. 14: Schreiber und Hausherr

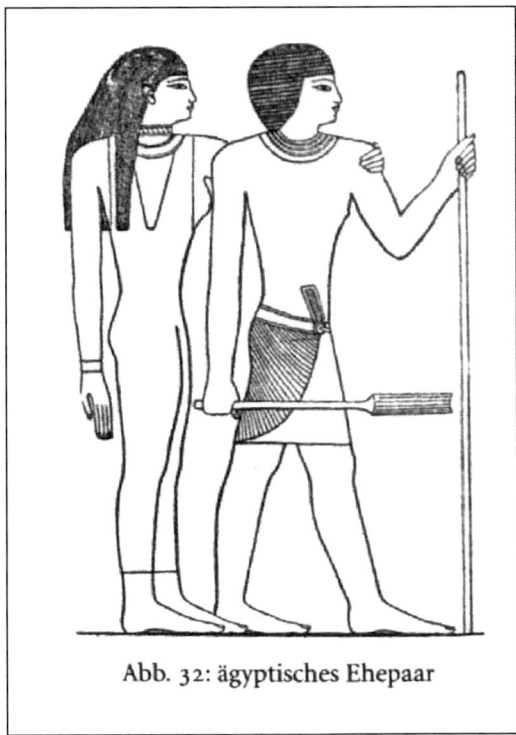
Abb. 32: ägyptisches Ehepaar

Abb. 15: Ägyptisches Ehepaar

Abb. 16: Götterabbildungstafel – 48 Götter

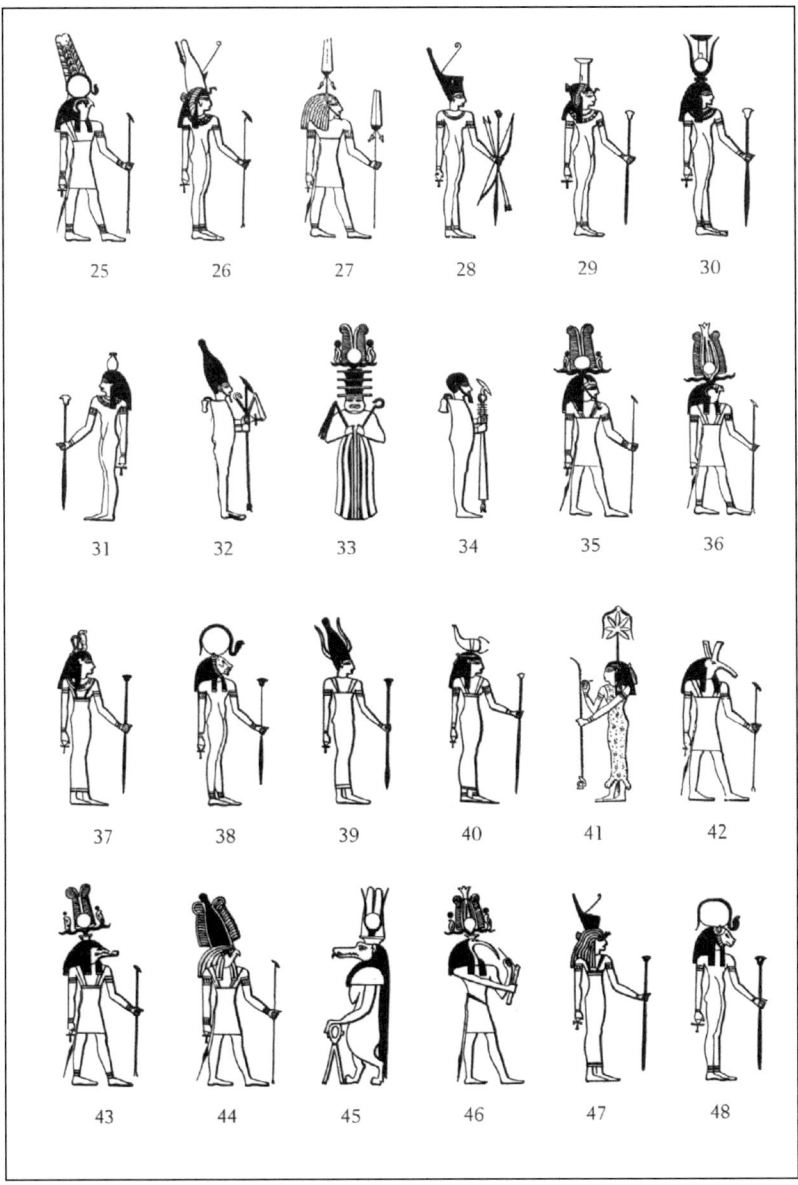